BestMasters

Mit „BestMasters" zeichnet Springer die besten Masterarbeiten aus, die an renommierten Hochschulen in Deutschland, Österreich und der Schweiz entstanden sind. Die mit Höchstnote ausgezeichneten Arbeiten wurden durch Gutachter zur Veröffentlichung empfohlen und behandeln aktuelle Themen aus unterschiedlichen Fachgebieten der Naturwissenschaften, Psychologie, Technik und Wirtschaftswissenschaften.

Die Reihe wendet sich an Praktiker und Wissenschaftler gleichermaßen und soll insbesondere auch Nachwuchswissenschaftlern Orientierung geben.

Jürgen Hölsch

Optimierung von Nested Queries unter Verwendung der NF²-Algebra

Mit einem Geleitwort von
Prof. Dr. Michael Grossniklaus
und Prof. Dr. Marc H. Scholl

 Springer Vieweg

Jürgen Hölsch
Konstanz, Deutschland

BestMasters
ISBN 978-3-658-12609-4   ISBN 978-3-658-12610-0 (eBook)
DOI 10.1007/978-3-658-12610-0

Die Deutsche Nationalbibliothek verzeichnet diese Publikation in der Deutschen Nationalbibliografie; detaillierte bibliografische Daten sind im Internet über http://dnb.d-nb.de abrufbar.

Springer Vieweg
© Springer Fachmedien Wiesbaden 2016

Gedruckt auf säurefreiem und chlorfrei gebleichtem Papier

Springer Fachmedien Wiesbaden ist Teil der Fachverlagsgruppe Springer Science+Business Media
(www.springer.com)

Institutsprofil

Jürgen Hölschs Arbeit ist am Fachbereich für Informatik und Informationswissenschaft der Universität Konstanz entstanden, der derzeit dreizehn Professuren umfasst. Die Arbeitsgruppen an unserem Fachbereich beschäftigen sich insbesondere mit Methoden und Systemen zur Visualisierung, Analyse, Exploration und Verarbeitung von großen Informationsmengen. Dieser gemeinsame Forschungsschwerpunkt zeichnet die Forschung des Fachbereichs aus und ist in dieser Form einzigartig.

Betreut wurde die Arbeit von Jürgen Hölsch in der Arbeitsgruppe für Datenbanken und Informationssysteme (DBIS), die mit Marc H. Scholl und Michael Grossniklaus aus zwei Professuren sowie derzeit zwei Postdocs und fünf Doktoranden besteht. In der Vergangenheit lagen Forschungsschwerpunkte der Arbeitsgruppe u.a. auf den Gebieten XML-basierte Datenbanksysteme, Data Warehousing, Textdatenbanken und Integration von Compiler- und Datenbanktechniken. Dabei standen immer Nutzungsaspekte (Sprachen, Modelle, Schnittstellen) und Systemaspekte (Architektur, Performance, Optimierung) gleichermaßen im Fokus. Eine Vorgängerversion der in dieser Arbeit verwendeten NF^2-Relationenalgebra geht auf eigene Vorarbeiten aus den 1980er Jahren zurück.

Aktuell widmen sich unsere Arbeiten der Anfrageverarbeitung und -optimierung in verschiedenen Anwendungsgebieten. Ein solches Anwendungsgebiet ist die Verwaltung und Verarbeitung von XML-Daten. Im Rahmen der open-source XML-Datenbank BaseX, deren Entwicklung von einem Spin-off der DBIS-Gruppe vorangetrieben wird, werden neue Optimierungstechniken für die XML-Anfragesprache XQuery 3.0 untersucht. Da es sich bei XQuery 3.0 um eine komplette funktionale Programmiersprache handelt, ist es dazu notwendig Techniken von optimierenden Compilern mit denen von Anfrageoptimierern zu verbinden. Die daraus gewonnenen Erkenntnisse sollen dann in einem nächsten Schritt auf andere Anfragesprachen angewendet werden, die ebenfalls Konzepte aus Anfrage- und Programmiersprachen vermischen, wie zum Beispiel PL/SQL.

Ein anderes Anwendungsgebiet, dessen wir uns angenommen haben, ist die Verarbeitung von Textdatenströmen. Insbesondere werden hier Techniken untersucht, wie aus Social Media Datenströmen, wie sie beispielsweise von Twitter erzeugt werden, Ereignisse erkannt werden können. In diesem Zusammenhang spielt sowohl die Laufzeit der untersuchten Verfahren als auch die Qualität der berechneten Resultate eine große Rolle. Um in der Zukunft adaptive Ereigniserkennungsverfahren zu entwickeln, die sich dem veränderlichen Volumen eines Datenstroms anpassen können, untersuchen wir den genauen Trade-off zwischen Laufzeit und Resultatqualität von bekannten Ereigniserkennungstechniken.

Die Verarbeitung von Graph-Daten ist ein weiteres Anwendungsgebiet, in dem wir gegenwärtig neue Möglichkeiten der Anfrageoptimierung untersuchen. Insbesondere wollen wir für Sprachen, die in die Klasse $CRPQ^{agg}$ fallen, eine Algebra definieren. Im Rahmen dieser Algebra sollen dann Äquivalenzen gefunden werden, mithilfe derer ein transformierender kostenbasierter Optimierer im traditionellen Sinn entwickelt werden kann.

Die Arbeit von Jürgen Hölsch leistet einen direkten Beitrag zum ersten der beschriebenen Projekte, verkörpert aber gleichzeitig auch den Ansatz, den wir in den anderen beiden Projekten verfolgen, nämlich bekannte Ansätze – mit entsprechenden Erweiterungen – in neue Anwendungs- und/oder Systemkontexte zu integrieren.

Geleitwort

Die Arbeit von Jürgen Hölsch leistet einen signifikanten Beitrag zum Stand des Wissens im Bereich der Optimierung von SQL-Anfragen, einem wichtigen Teilgebiet der Datenbankforschung. Insbesondere nimmt sich diese Arbeit der Fragestellung an, wie verschachtelte SQL-Anfragen (*nested queries*) besser optimiert werden können. Dabei handelt es sich um ein sehr praxisrelevantes und aktuelles Thema. Einerseits sind verschachtelte Anfragen einer der wenigen Mechanismen, die einem SQL-Programmierer zur Verfügung stehen, um Anfragen modular und schrittweise aufzubauen. Aus diesem Grund wenden beispielsweise ungeübte SQL-Programmierer dieses Konzept auch dann an, wenn es zur Spezifikation der Anfrage eigentlich gar nicht nötig wäre. Andererseits sind die Optimierungstechniken, die heutige Datenbanksysteme auf verschachtelte Anfragen anwenden, eher simpel und lassen daher viele Optimierungsmöglichkeiten aus. Im schlimmsten Fall gelingt es diesen Systemen nicht, die (unnötige) Verschachtelung zu entfernen, was in der Regel zu inakzeptablen Ausführungszeiten führt. Speziell dieser zweite Punkt wird in dieser Arbeit in einer kleinen Studie gezeigt, indem die Optimierung und Ausführungszeit von eigens entwickelten verschachtelten Anfragen in vier großen Datenbanksystemen analysiert wird.

Zur besseren Optimierung von verschachtelten Anfragen wird ein Ansatz vorgeschlagen, der auf der sogenannten Non-First Normal Form (NF^2) Algebra beruht. Die NF^2-Algebra wurde in den 1980er-Jahren ursprünglich dazu entwickelt, Operationen in erweiterten relationalen Datenbanksystemen zu beschreiben, in denen verschachtelte Tabellen vorkommen können. Die Arbeit von Jürgen Hölsch zeigt, dass die NF^2-Algebra neben diesem ursprünglichen Anwendungsgebiet auch verwendet werden kann, um die Verschachtelungsmöglichkeiten darzustellen, die mittlerweile in SQL möglich sind. Aufbauend auf dieser Darstellung definiert die Arbeit in einem zweiten Schritt algebraische Äquivalenzen, die sowohl bekannte wie auch neue Optimierungstechniken für verschachtelte Anfragen formalisieren. Im Falle von neuen Techniken wird außerdem die Korrektheit der entsprechenden Äquivalenzen aufbauend auf den Grundlagen der NF^2-Algebra bewiesen. Der dritte Teil der Arbeit beschreibt die Implementation eines Anfrageoptimierers, der auf dem Cascades-Framework basiert und anstelle der traditionellen relationalen Algebra die NF^2-Algebra und ihre Äquivalenzen verwendet, um Anfragen zu transformieren. Da die NF^2-Algebra auf der relationalen Algebra aufbaut, können mit diesem Ansatz sowohl herkömmliche als auch verschachtelte Anfragen einheitlich optimiert werden. Dieser neuartige Anfrageoptimierer wird im letzten Teil der Arbeit qualitativ und quantitativ evaluiert, indem die von ihm umgeschriebenen Anfragen in drei kommerziellen und einem open-source Datenbanksystem ausgeführt und ihre Laufzeiten mit derjenigen der nicht voroptimierten Variante verglichen werden. Auf diesem Weg wird gezeigt, dass im Bereich von verschachtelten Anfragen noch großes Verbesserungspotential in den untersuchten Systemen besteht.

Michael Grossniklaus
Marc H. Scholl
Konstanz, Oktober 2015

Inhaltsverzeichnis

1. Einleitung

Mit der Definition des relationalen Datenmodells und der relationalen Algebra legte Codd [5] in den 1970er Jahren den theoretischen Grundstein für heutige Datenbanksysteme. Im relationalen Modell werden Relationen als Mengen von Tupeln definiert. Ein Tupel besteht aus Attributwerten, wobei Tupel der selben Relation die gleichen Attribute besitzen. Die relationale Algebra enthält die Grundoperationen Projektion, Selektion, Kreuzprodukt, Vereinigung und Differenz. Aus diesen Operationen lassen sich weitere Operationen wie beispielsweise der Join ableiten. Zu den ersten Systemen, die das relationale Modell von Codd implementierten, zählen System R [1] und Ingres [11]. Für beide Systeme wurde eine eigene Query-Sprache entwickelt. Für System R wurde die Query-Sprache "SEQUEL" und für Ingres "QUEL" eingeführt. Beide Sprachen basieren auf der relationalen Algebra und sind deklarativ, d.h. der Benutzer definiert nur das Ergebnis und nicht die einzelnen Schritte, wie genau die Query im System ausgeführt werden soll (dies bleibt dem System überlassen). Dabei gilt die Query-Sprache "SEQUEL" von System R als Vorgänger des heute bekannten SQL. Der erste SQL-Standard wurde 1986 veröffentlicht.

Schon vor der ersten Standardisierung waren in SQL Gruppierungen und die Anwendung von Aggregationsfunktionen, sowie Nested Queries in der WHERE-Clause möglich. Allerdings lassen sich diese Konzepte nicht mehr mit den Grundoperationen der relationalen Algebra darstellen. Durch die stetige Weiterentwicklung des SQL-Standards z.B. durch Einführung von CASE-Statements, Window Functions oder der Orthogonalität (d.h. überall wo ein Wert, Tupel oder eine Tabelle stehen kann, ist auch eine Subquery erlaubt) wurde die Diskrepanz zwischen SQL und der relationalen Algebra mit der Zeit immer größer.

Da SQL eine deklarative Query-Sprache ist, muss ein Datenbanksystem selbst für eine gegebene Query einen effizienten Ausführungsplan finden. Grob skizziert läuft dies wie folgt ab. Nach dem Parsen ist die Query als Baum gegeben, dessen Knoten aus den Operatoren der relationalen Algebra bestehen. Diese Baumrepräsentation der Query wird dem Optimizer übergeben, der mit Hilfe von Transformationsregeln äquivalente Ausdrücke auf der logischen Ebene erzeugt. Beispielsweise wird die Reihenfolge von Joins verändert oder Selektionen im Baum nach unten verschoben (damit Selektionen bei der tatsächlichen Ausführung möglichst früh ausgewertet werden). Des Weiteren betrachtet der Optimizer für die logischen Operatoren verschiedene Implementierungsstrategien auf der physikalischen Ebene. Zum Beispiel existieren für einen logischen Join mehrere Algorithmen, um diesen im System auszuführen. Unter allen explorierten äquivalenten Ausführungsplänen wählt der Optimizer den günstigsten Plan nach seiner Kostenschätzung aus. Um den besten bzw. einen guten Plan zu finden, müssen dem Optimizer somit möglichst viele äquivalente Pläne zur Exploration zur Verfügung stehen.

Alle heute bekannten Optimizer wie z.B. der System R Optimizer [1], Starburst [10] oder Cascades [9] verwenden, wie eben beschrieben, algebraische Äquivalenzregeln zur Transformation von Ausdrücken. Lassen sich nun bestimmte Teile einer Query nicht durch einen Algebra-Ausdruck darstellen, so schränkt dies deutlich die Möglichkeiten zur Optimierung ein. Besonders problematisch ist dies bei Nested Queries, da eine naive Ausführung ohne vorherige Transformation meist mit sehr hohen Kosten verbunden ist. Ein modernes Datenbanksystem sollte jedoch die effiziente Ausführung von Nested Queries unterstützen, da viele komplexe Queries existieren, die sich durch Subqueries in Teilprobleme zerlegen lassen und somit einfacher zu formulieren sind. Des Weiteren besteht die Grundidee von SQL als deklarative Sprache darin, dass unter allen möglichen äquivalenten Formulierungen einer Query das System immer den besten Plan findet. Doch vorallem bei Nested Queries ist dies nicht der Fall. Dort hängt die Effizienz in heutigen Systemen maßgeblich davon ab, wie eine Query durch den Benutzer geschrieben wird.

Daher wird in dieser Arbeit eine existierende Algebra, die für das Non-First-Normal-Form (kurz NF^2) Datenmodell [16] entwickelt wurde, zur einheitlichen Optimierung von SQL-Queries verwendet. Diese NF^2-Algebra bietet bereits Operatoren zum Zugriff auf verschachtelte Relationen, mit denen Nested Queries aber auch anderere SQL-Konstrukte, wie die GROUP BY-Clause, Window Functions oder CASE-Statements dargestellt werden können. Daher deckt die NF^2-Algebra den heutigen Stand von SQL im Gegensatz zur ursprünglichen relationalen Algebra nahezu perfekt ab. Des Weiteren stellt die NF^2-Algebra eine Erweiterung der relationalen Algebra dar, wodurch alle bisherigen Äquivalenzregeln erhalten bzw. gültig bleiben. Zusätzlich können alle auf der logischen Ebene verwendeten Operatoren der NF^2-Algebra, die ein bestimmtes SQL-Statement repräsentieren, auf vorhandene physikalische Operatoren von aktuellen Datenbanksystemen abgebildet werden. Daher hebt sich dieser Ansatz von früheren Ansätzen ab, da diese beispielsweise neue logische und physikalische Operatoren zur relationalen Algebra hinzufügen oder Transformationen auf der SQL-Ebene durchführen.

In Kapitel 2 wird die NF^2-Algebra vorgestellt. Danach wird aufgezeigt, wie sich Nested Queries in der NF^2-Algebra repräsentieren lassen (Kapitel 3). Der nächste Schritt dieser Arbeit besteht darin, bekannte Nested Query Optimierungsverfahren durch NF^2-Äquivalenzregeln darzustellen (Kapitel 4). Über die vorhandenen Verfahren hinaus, werden in einem nächsten Schritt neue Optimierungsmöglichkeiten abgeleitet (Kapitel 5) und der NF^2-Ansatz in einem auf dem Cascades Framework basierenden Optimizer implementiert (Kapitel 6). So soll in dieser Arbeit gezeigt werden, dass:

1. der NF^2-Ansatz in einem Cascades Optimizer implementiert werden kann, so dass der Großteil des Implementierungsaufwandes im Hinzufügen neuer Transformationsregeln und der leichten Adaption vorhandener logischer Operatoren liegt, und nicht in der Änderung der Ausführungslogik, d.h. dass der Ablauf wie eine Query optimiert wird, unverändert bleibt (Kapitel 6),

2. ein deutlicher Performance-Gewinn durch die generierten Pläne des erweiterten Optimizers für Nested Queries erzielt werden kann (Kapitel 7),

3. die Zunahme der Optimierungszeit im Vergleich zum Performance-Gewinn durch die Reduktion der Ausführungszeit nicht ins Gewicht fällt und der Anstieg des Speicherverbrauchs des Optimierungsprozesses in einem Rahmen liegt, so dass die praktische Anwendbarkeit des Verfahrens nicht beeinträchtigt wird (Kapitel 7) und

4. aktuelle Datenbanksysteme noch viel Verbesserungspotential bei der Optimierung von Nested Queries aufweisen (Kapitel 7).

Bevor in Kapitel 9 die Ergebnisse zusammengefasst und ein Fazit gezogen werden kann, wird zuvor in Kapitel 8 der aktuelle Stand der Forschung vorgestellt und diese Arbeit davon abgegrenzt. Die Queries der Evaluation und der Beispiele basieren auf dem Schema des TPC-H Benchmarks, welches im Anhang dieser Arbeit zu finden ist.

2. Einführung der NF²-Algebra

In diesem Kapitel wird das NF²-Datenmodell und die NF²-Algebra eingeführt. Die dabei verwendeten Definitionen stammen aus der Arbeit von Scholl [18]. Im ersten Abschnitt wird das neue Datenmodell vorgestellt, in dem nicht-atomare Attribute erlaubt sind. Danach werden basierend auf den Definitionen des NF²-Datenmodells die Basisoperatoren der relationalen Algebra (abgekürzt als "1NF-Algebra") eingeführt. Dies ist möglich, da sich auch flache Relationen im NF²-Datenmodell darstellen lassen. Da die NF²-Algebra eine Erweiterung der 1NF-Algebra ist, wird diese im letzten Abschnitt dieses Kapitels vorgestellt.

2.1 NF²-Datenmodell

Im flachen relationalen Datenmodell besteht eine Relation aus einer Menge von atomaren Attributen. Hingegen können im NF²-Datenmodell Attribute selbst Relationen als Werte enthalten. Die formale Definition des NF²-Datenmodells wird nun in diesem Abschnitt eingeführt. Dazu ist es sinnvoll, zuerst nochmals einen Blick auf das klassische relationale Datenmodell zu werfen, um die Unterschiede zum NF²-Datenmodell zu verdeutlichen. Im 1NF-Modell besitzt eine Relation ein Schema und einen Wert (also die Menge der in der Relation enthaltenen Tupel). Das Schema wiederum besteht aus einer Menge von Attributen. Dabei werden Attribute durch ihren Namen und ihre Domäne charakterisiert. Im NF²-Datenmodell kann ein Attribut selbst wieder ein Schema besitzen. Daher ist es für die kommenden Definitionen wichtig zwischen dem *Namen* und der *Beschreibung* eines Attributes zu unterscheiden. Die Beschreibung eines Attributes besteht aus seinem Namen und seinem Schema. Dies ist in Definition 2.1.1 festgehalten.

Definition 2.1.1 (Attributname, Schema und Beschreibung). *Gegeben sei $\mathcal{N}$ als eine unendliche Menge von Attributnamen. Die Menge $\mathcal{S}$ der gültigen Schemata und die Menge $\mathcal{B}$ der Beschreibungen sind rekursiv definiert durch folgende Implikationen.*

1. $n \in \mathcal{N} \Rightarrow \langle n, \emptyset \rangle \in \mathcal{B}$

2. $i = 1, ..., k : (b_i = \langle n_i, s_i \rangle \in \mathcal{B}) \wedge (i \neq j \Rightarrow n_i \neq n_j) \Rightarrow \{b_1, ..., b_k\} \in \mathcal{S}$

3. $n \in \mathcal{N} \wedge s \in \mathcal{S} \Rightarrow \langle n, s \rangle \in \mathcal{B}$

Wie ersichtlich, besteht ein Schema aus einer Menge von Beschreibungen, wobei $\langle n, \emptyset \rangle$ die Beschreibung eines atomaren Attributes ist. Es sei angemerkt, dass zur Notation eines Tupels hier die Klammerung $\langle ... \rangle$ verwendet wird. In Beispiel 2.1.1 werden die eben eingeführten Begriffe nochmals verdeutlicht.

Beispiel 2.1.1. Angenommen es sei eine modifizierte Version der TPC-H PartSupp Relation gegeben, bei der zu jedem Teil die entsprechenden Lieferanten in einem nicht-atomaren Attribut "supplier" gespeichert werden (der Kürze halber ist in der Tabelle nur ein Beispieltupel enthalten).

ps_partkey	supplier	
	s_suppkey	s_name
1	9	Supplier#9
	15	Supplier#15

Die Beschreibungen der Attribute sehen wie folgt aus:

$$\langle \text{ps\_partkey}, \emptyset \rangle, \langle \text{supplier}, \{\langle \text{s\_suppkey}, \emptyset \rangle, \langle \text{s\_name}, \emptyset \rangle\}\rangle.$$

$\diamond$

In der nächsten Definition werden Funktionen eingeführt, mit denen auf die einzelnen Komponenten einer Beschreibung zugegriffen werden kann.

Definition 2.1.2.

1. $nam : \mathcal{B} \to \mathcal{N}$
   $nam(\langle n, s \rangle) = n$

2. $sch : \mathcal{B} \to \mathcal{S}$
   $sch(\langle n, s \rangle) = s$

3. $attr : \mathcal{B} \to \mathcal{P}(\mathcal{N})$
   $attr(\langle n, s \rangle) = \{n_i | \langle n_i, s_i \rangle \in s\}$

Für eine gegebene Beschreibung liefert die Funktion nam den Namen und die Funktion sch das Schema zurück. Des Weiteren gibt $attr$ die im Schema enthaltenen Attributnamen aus. Bei Beschreibungen von atomaren Attributen liefern die Funktionen sch und $attr$ die leere Menge zurück. Zusätzlich sei eine Funktion d gegeben, die für einen Attributnamen n_i die dazugehörige Beschreibung b_i zurückliefert. Somit gilt

$$d(n_i) = b_i \Leftrightarrow nam(b_i) = n_i.$$

Beispiel 2.1.2. Es sei die folgende Beschreibung des Attributs "supplier" gegeben:

$$b = \langle \text{supplier}, \{\langle \text{s\_suppkey}, \emptyset\rangle, \langle \text{s\_name}, \emptyset\rangle\}\rangle.$$

Die Funktionen aus Definition 2.1.2 liefern folgende Werte zurück:

- $nam(b) = \text{supplier}$,

- $sch(b) = \{\langle \text{s\_suppkey}, \emptyset\rangle, \langle \text{s\_name}, \emptyset\rangle\}$,

- $attr(b) = \{\text{s\_suppkey}, \text{s\_name}\}$.

$\diamond$

Als nächstes stellt sich die Frage, wie der Domain eines nicht-atomaren Attributes definiert wird. Dazu wird Funktion 2.1 eingeführt, die jedem Attributnamen $n_i \in attr(b)$ einer Beschreibung b einen Wert aus der zum Attribut dazugehörigen Domain $dom(d(n_i))$ zuordnet (jedoch ignorieren wir hier für den Moment die genaue Definition der Domain $dom(d(n_i))$, die später noch dargestellt wird).

$$f : attr(b) \to \bigcup_{b_i \in sch(b)} dom(b_i) \tag{2.1}$$
$$f : n_i \mapsto d_i \in dom(d(n_i))$$

Somit lässt sich durch eine Funktion ein bestimmter Tupel darstellen, wodurch der Wert einer Relation einer Menge von Funktionen entspricht. Alle möglichen Funktionen werden durch die Menge F beschrieben, wobei der konkrete Wert einer Relation eine Teilmenge von F darstellt.

$$F = \left\{ f : attr(b) \to \bigcup_{b_i \in sch(b)} dom(b_i) \middle| \forall_{n_i \in attr(b)} : f(n_i) \in dom(d(n_i)) \right\}$$

Daher ist der Domain eines gegebenen nicht-atomaren Attributes mit der Beschreibung b die Potenzmenge von F. Einem atomaren Attribut wird hingegen ein gegebener atomarer Domain D_i zugeordnet. In Definition 2.1.3 ist dies festgehalten.

Definition 2.1.3 (Domain). *Gegeben sei eine Menge* $\mathcal{D} = \{D_1, ..., D_d\}$ *von atomaren Domains, sowie eine Funktion* $\delta : \mathcal{B} \to \mathcal{D}$, *die jedem atomaren Attribut eine atomare Domain zuordnet. Der Domain einer Beschreibung b ist dann wie folgt definiert:*

$$dom(b) = \begin{cases} \delta(b) & \text{falls } sch(b) = \emptyset \\ \mathcal{P}(F) & \text{sonst} \end{cases} .$$

Wie es in Definition 2.1.3 zu sehen ist, wird einem atomaren Attribut durch die Funktion δ der dazugehörige atomare Domain zugeordnet. Bei einem nicht-atomaren Attribut ist der Domain wie bereits beschrieben die Potenzmenge von F. Somit wird für ein nicht-atomares Attribut die Funktion *dom* rekursiv angewendet, um den Domain des Attributes zu erhalten (da *dom* wiederum selbst in der Definition von F vorhanden ist).

Beispiel 2.1.3. Angenommen der Tupel aus Beispiel 2.1.1 sei repräsentiert durch die Funktion f_{t_1}, so lässt sich der Wert des Attributes "ps_partkey" wie folgt ermitteln:

$$f_{t_1}(\text{ps\_partkey}) = 1.$$

$\diamond$

Als nächstes kann die Definition einer Relation in der NF²-Algebra eingeführt werden. Diese besteht aus ihrer Beschreibung und besitzt einen Wert aus ihrem Domain.

Definition 2.1.4 ((NF²-)Relation). *Es sei eine Beschreibung b mit $sch(b) \neq \emptyset$ und eine Funktion $\delta : \mathcal{B} \to \mathcal{D}$, die einem atomaren Attribut einen atomaren Domain zuordnet, gegeben. Des Weiteren sei $v \in dom(b)$ gegeben. Somit ist $R = \langle b, v \rangle$ eine (NF²-)Relation unter δ.*

Um auf die einzelnen Komponenten einer Relation $R = \langle b, v \rangle$ zugreifen zu können, werden die Funktionen:

$$desc(R) := b \quad \text{und}$$
$$val(R) := v$$

eingeführt, wobei *desc* die Beschreibung und *val* den Wert einer Relation zurückliefert. Zur einfacheren Lesbarkeit werden die Abkürzungen verwendet:

$$nam(R) := nam(desc(R)),$$
$$sch(R) := sch(desc(R)),$$
$$attr(R) := attr(desc(R)).$$

Eine Relation ist in der ersten Normalform, wenn für alle $b \in sch(R)$ gilt, dass das Schema von b der leeren Menge entspricht. Als zusätzliche Vereinfachung wird nicht weiter zwischen unterschiedlichen atomaren Domains unterschieden, d.h. nur die unterschiedlichen Schemata sind von Relevanz. Somit wird die ursprünglich definierte Menge der atomaren Domains $\mathcal{D} = \{D_1, ..., D_d\}$ ersetzt durch $\mathcal{D} = \{D\}$. Daher kann im Folgenden auch die Funktion δ vernachlässigt werden und für eine atomare Beschreibung b gilt nun $dom(b) = D$.

Als nächstes wird noch der Begriff "Tupel" in Definition 2.1.5 formal festgehalten. Wie bereits zuvor erwähnt, entspricht ein Tupel einer Funktion.

Definition 2.1.5 (Tupel). *Die Elemente $t \in val(R)$ einer Relation R heißen Tupel. Dabei ist $t(A)$ der Attributwert von $A \in attr(R)$ in Tupel t.*

Für ein Tupel $t \in val(R)$ und ein Attributname $A \in attr(R)$ ist $\langle d(A), t(A) \rangle$ selbst wieder eine Relation, genau dann wenn $sch(d(A)) \neq \emptyset$ gilt. Zusätzlich wird in Definition 2.1.6 ein sogenanntes NF^2-Objekt eingeführt. Ein NF^2-Objekt besteht ebenfalls wie eine NF^2-Relation aus einer Beschreibung und einem Wert. Im Vergleich zur NF^2-Relation kann das Schema eines NF^2-Objektes der leeren Menge entsprechen. Somit ist ein NF^2-Objekt mit der Beschreibung b ein atomares Attribut, wenn $sch(b) = \emptyset$ gilt. Gilt hingegen $sch(b) \neq \emptyset$ ist das NF^2-Objekt eine Relation.

Definition 2.1.6 (NF^2-Objekt). *Ein NF^2-Objekt $\langle b, v \rangle$ besteht aus einer Beschreibung $b \in \mathcal{B}$ und einem Wert $v \in dom(b)$.*

Zuletzt muss noch der Begriff der *Umgebung* eingeführt werden. Eine Umgebung ε ist eine Menge von NF^2-Objekten. Zum Beispiel besteht die Umgebung einer Datenbank aus einer Menge von Relationen. Des Weiteren sei $\delta = \{b | \langle b, v \rangle \in \varepsilon\}$ als Menge der Beschreibungen der Umgebung ε gegeben.

2.2 1NF-Algebra

Vor Einführung der NF^2-Algebra wird in diesem Abschnitt zuerst die 1NF-Algebra, basierend auf den vorherigen Definitionen, vorgestellt. Dies ist dadurch begründet, dass die NF^2-Algebra eine Erweiterung der 1NF-Algebra ist. Durch die folgenden Punkte wird rekursiv definiert, was gültige algebraische Ausdrücke der 1NF-Algebra sind.

1. Eine Relation R aus ε ist ein gültiger algebraischer Ausdruck in ε.

2. Sind E_1 und E_2 gültige algebraische Ausdrücke in ε, so sind auch $E_1 \times E_2$, $E_1 \cup E_2$ und $E_1 \setminus E_2$ gültige algebraische Ausdrücke in ε.

3. Ist E ein gültiger algebraischer Ausdruck in ε, so sind auch $\pi[L](E)$ und $\sigma[F](E)$ gültige algebraische Ausdrücke in ε.

Alle weiteren relationalen Operatoren, wie z.B. der Join, lassen sich mit Hilfe der eben genannten Operatoren darstellen. In diesem Abschnitt werden nun diese "Basisoperatoren" eingeführt und darauf eingegangen, wie jeweils das Ergebnisschema und die Ergebnismenge definiert ist. Als erstes werden dazu die Mengenoperationen *Vereinigung* und *Differenz* vorgestellt.

Definition 2.2.1 (Vereinigung). *Angenommen E_1 und E_2 sind gültige algebraische Ausdrücke, die das selbe Schema besitzen (also $sch(E_1) = sch(E_2)$ gilt), so ist die Vereinigung $E_1 \cup E_2$ definiert durch:*

$$sch(E_1 \cup E_2) := sch(E_1)(= sch(E_2)),$$
$$val(E_1 \cup E_2) := \{t | t \in val(E_1) \vee t \in val(E_2)\}.$$

Definition 2.2.2 (Differenz). *Angenommen E_1 und E_2 sind gültige algebraische Ausdrücke, die das selbe Schema besitzen (also $sch(E_1) = sch(E_2)$ gilt), so ist die Differenz $E_1 \setminus E_2$ definiert durch:*

$$sch(E_1 \setminus E_2) := sch(E_1)(= sch(E_2)),$$
$$val(E_1 \setminus E_2) := \{t | t \in val(E_1) \wedge t \notin val(E_2)\}.$$

In der nächsten Definition wird das *relationale Produkt* eingeführt, bei dem gefordert wird, dass die Mengen der Attributnamen der beteiligten algebraischen Ausdrücke disjunkt sind. Da ein Tupel durch eine Funktion repräsentiert wird, entsteht durch die Konkatenation zweier Tupel eine neue Funktion, die in Definition 2.2.3 dargestellt wird.

Definition 2.2.3. *Für zwei gegebene Funktionen $f : A \to B$ und $g : C \to D$ ist die Funktion $f \oplus g$ definiert durch:*

$$f \oplus g : A \cup C \to B \cup D,$$
$$f \oplus g(x) = \begin{cases} f(x) & \text{falls } x \in A \\ g(x) & \text{falls } x \in C \end{cases}.$$

Ist der Input der Funktion $f \oplus g$ ein Attributname des von f repräsentierten Tupels, so wird der dazugehörige Wert von f zurückgeliefert. Ist der Input ein Attributname von g, so wird entsprechend der Wert von g zurückgegeben. Daraus wird auch ersichtlich, warum die Disjunktheit zwischen den Mengen der Attributnamen gefordert wird. Mit dieser eingeführten Funktion kann nun das relationale Produkt definiert werden.

Definition 2.2.4 (Relationales Produkt). *Das relationale Produkt $E_1 \times E_2$ zweier gültiger algebraischer Ausdrücke E_1 und E_2 mit $attr(E_1) \cap attr(E_2) = \emptyset$ ist definiert durch:*

$$sch(E_1 \times E_2) := sch(E_1) \cup sch(E_2),$$
$$val(E_1 \times E_2) := \{t_1 \oplus t_2 | t_1 \in val(E_1) \wedge t_2 \in val(E_2)\}.$$

Als nächstes wird die *Projektion* eingeführt. Mit der Projektion lassen sich bestimmte Attribute einer Input-Relation herausfiltern (die Menge der Attribute, die beibehalten werden soll, wird als *Projektionsliste* bezeichnet). Somit ändert der Projektionsoperator das Schema der Input-Relation.

Definition 2.2.5 (Projektion). *Angenommen es sei ein gültiger algebraischer Ausdruck E und eine Projektionsliste $L \subseteq attr(E)$ gegeben, so ist die Projektion $\pi[L](E)$ definiert durch:*

$$sch(\pi[L](E)) := \{d(n) | n \in L\},$$
$$val(\pi[L](E)) := \{t(L) | t \in val(E)\}.$$

Das resultierende Schema besteht aus den Beschreibungen, die zu den Attributnamen aus L gehören. Die Ergebnismenge enthält die Tupel von E mit ausschließlich den Attributen, die in L vorkommen. Obwohl in Definition 2.1.5 die Anwendung der Funktion $t \in val(E)$ nur auf einem einzelnen Attributnamen definiert ist, erhält hier zur kürzeren Darstellung t als Input eine Menge L, wobei $t(L) = \{t(A)|A \in L\}$ gilt.

Als letztes wird in diesem Abschnitt die *Selektion* eingeführt. Mit der Selektion lassen sich Tupel einer Input-Relation auswählen, die eine bestimmte Bedingung erfüllen. Ist $x_1, x_2 \in \mathcal{N} \cup D$ und $\theta \in \{<, \leq, >, \geq, =, \neq\}$ gegeben, so ist eine gültige Bedingung wie im Folgenden definiert.

1. $x_1 \theta x_2$ ist eine gültige Bedingung.

2. Sind F_1 und F_2 gültige Bedingungen, so sind auch $F_1 \wedge F_2$, $F_1 \vee F_2$ und $\neg F_1$ gültige Bedingungen.

Wie zu sehen ist, kann eine gültige Bedingung F Attributnamen enthalten. Bei der Ausführung der Selektion auf eine Input-Relation wird für jeden Tupel ein konkreter Wert für den Attributnamen eingesetzt und die Bedingung nach *true* oder *false* ausgewertet. $F(t)$ beschreibt eine solche Funktion, die als Input einen Tupel t erhält und für die Attributnamen die entsprechenden Werte des Tupels einsetzt und die Bedingung auswertet. Mit dieser Funktion kann nun die Selektion definiert werden.

Definition 2.2.6 (Selektion). *Angenommen es sei ein gültiger algebraischer Ausdruck E und eine gültige Bedingung F gegeben, bei der für alle enthaltenen Attributnamen $n \in attr(E)$ gilt, so ist die Projektion $\sigma[F](E)$ definiert durch:*

$$sch(\sigma[F](E)) := sch(E),$$
$$val(\sigma[F](E)) := \{t \in val(E)|F(t)\}.$$

Bei der Selektion wird also das Schema nicht verändert, sondern nur diejenigen Tupel ausgewählt, die die Bedingung F erfüllen.

2.3   NF²-Algebra

In diesem Abschnitt wird die NF²-Algebra vorgestellt. Wie bereits erwähnt, stellt sie eine Erweiterung der 1NF-Algebra dar. Es wird der Selektions- und Projektionsoperator so erweitert, dass an den Stellen, wo in der 1NF-Algebra Attribute auftreten können (z.B. in der Selektionsbedingung), nun auch NF²-Ausdrücke stehen können. So wird zum Beispiel die Anwendung von Selektionen bzw. Projektionen auf nicht-atomaren Attributen möglich. Neben diesen Erweiterungen existieren noch zwei neue Operatoren namens *Nest* und *Unnest*, mit denen aus einer flachen eine geschachtelte Relation (und umgekehrt) erzeugt werden kann.

Da ein NF²-Ausdruck (z.B. in einer Projektionsliste) ein neues nicht-atomares Attribut erzeugen kann, muss zuerst die sogenannte *algebraische Zuweisung* eingeführt werden, mit der einem NF²-Ausdruck ein Name zugewiesen werden kann.

Definition 2.3.1 (Algebraische Zuweisung). *Angenommen es sei ein gültiger algebraischer Ausdruck E und ein Name $N \in \mathcal{N}$ gegeben, so ist der folgende Ausdruck eine algebraische Zuweisung:*

$$N := E.$$

N ist selbst wieder eine NF²-Relation, die charakterisiert ist durch:

$$nam(N) := N,$$
$$sch(N) := sch(E),$$
$$val(N) := val(E).$$

Die algebraische Zuweisung ermöglicht daher auch das Umbenennen von Attributen. Nachdem die algebraische Zuweisung eingeführt wurde, kann nun die *verschachtelte Projektion* definiert werden. Bei der verschachtelten Projektion können in der Projektionsliste wieder NF²-Ausdrücke stehen. Damit lassen sich zum Beispiel bestimmte Attribute eines nicht-atomaren Attributs auswählen. Besondere Aufmerksamkeit bei der Definition der verschachtelten Projektion (bzw. später auch bei der verschachtelten Selektion) bekommt die Umgebung. Wie bereits erwähnt, beschreibt die Umgebung die ansprechbaren NF²-Objekte. Im Fall von flachen Operatoren bei der 1NF-Algebra entspricht die Umgebung der Datenbank (also einer Menge von Relationen). Hingegen ist bei der NF²-Algebra die Umgebung abhängig von der Schachtelungstiefe innerhalb des entsprechenden NF²-Ausdruckes, d.h. die im Ausdruck angesprochenen Operanden müssen in der dazugehörigen Umgebung vorhanden sein. Bei den folgenden Definitionen wird zusätzlich bei der *val*-Funktion eine Umgebung ε und bei der *sch*-Funktion die Menge δ der in ε enthaltenen Beschreibungen mit angegeben.

Definition 2.3.2 (Verschachtelte Projektion). *Angenommen es sei ein gültiger algebraischer Ausdruck E in der Umgebung ε mit der Umgebungsbeschreibung δ und $L = \{N_i := E_i | i = 1, ..., n\}$ eine Menge von Zuweisungen für ein n gegeben, so ist die verschachtelte Projektion $N := \pi[L](E)$ wie folgt definiert:*

$$sch_\delta(N := \pi[L](E)) := \{\langle N_i, sch_{\delta'}(E_i)\rangle | i = 1, ..., n\}$$
$$\text{mit } \delta' = \delta \cup \{d(A) | A \in sch_\delta(E)\},$$

$$val_\varepsilon(N := \pi[L](E)) := \{t | t(N_i) = val_{\varepsilon'}(E_i) \wedge i = 1, ..., n \wedge$$
$$\varepsilon' = \varepsilon \cup \{\langle d(A), t'(A)\rangle | A \in sch_\delta(E)\} \wedge t' \in val_\varepsilon(E)\}.$$

Zuletzt wird noch die Selektion erweitert, so dass auch NF²-Ausdrücke in der Selektionsbedingung stehen können. Dazu muss die ursprüngliche Definition einer gültigen Bedingung, wie sie in Abschnitt 2.2 eingeführt wurde, so abgeändert werden, dass überall wo ein Attribut erlaubt ist, nun ein beliebiges NF²-Objekt stehen kann. In Abschnitt 2.2 wurde eine Bedingung F als eine Funktion $F(t)$ betrachtet, die für einen gegebenen Tupel t die Bedingung F nach *true* oder *false* auswertet. Bei der Definition der verschachtelten Selektion wird zusätzlich die Umgebung mit einbezogen, so dass $F(t)$ zu $F_\varepsilon(t)$ abgeändert wird. Für F_ε wird gefordert, dass alle darin angesprochenen Objekte in der Umgebung ε vorkommen.

Definition 2.3.3 (Verschachtelte Selektion). *Angenommen es sei ein gültiger algebraischer Ausdruck E in der Umgebung ε mit der Umgebungsbeschreibung δ und einer gültigen Bedingung F gegeben, so ist die verschachtelte Selektion $\sigma[F](E)$ wie folgt definiert:*

$$sch_\delta(\sigma[F](E)) := sch_\delta(E),$$
$$val_\varepsilon(\sigma[F](E)) := \{t \in val_\varepsilon(E)|F_{\varepsilon'}(t) \wedge \varepsilon' = \varepsilon \cup \{\langle d(A), t(A)\rangle | A \in sch_\delta(E)\}\}.$$

Neben der Erweiterung vorhandener Operatoren werden in der NF²-Algebra noch zwei neue Operatoren eingeführt. Dies ist zum einen der Nest-Operator (dargestellt mit ν) und zum anderen der Unnest-Operator (dargestellt mit μ). Der Nest-Operator $\nu[A := (A_1, ..., A_n)](E)$ erzeugt ein neues nicht-atomares Attribut A, welches als Subschema die Attribute $A_1, ..., A_n \in attr(E)$ besitzt. Die ursprüngliche Ergebnis-Relation des algebraischen Ausdruckes E wird nach den Attributen $attr(E) \setminus \{A_1, ..., A_n\}$ gruppiert und die zu einer Gruppe dazugehörigen Subtupel mit den Attributen $A_1, ..., A_n$ als Subrelation im Attribut A festgehalten. Somit kann aus einer flachen eine verschachtelte Relation erzeugt werden. Im Folgenden wird der Nest-Operator formal definiert.

Definition 2.3.4 (Nest-Operator). *Angenommen es sei ein gültiger algebraischer Ausdruck E mit $X = \{A_1, ..., A_n\} \subseteq attr(E)$, $Y = attr(E) \setminus X$ und $A \in \mathcal{N}$ mit $A \notin Y$ gegeben, so ist der Nest-Operator $\nu[A := (X)](E)$ definiert durch:*

$$sch(\nu[A := (X)](E)) := sch(E) \setminus d(X) \cup \{\langle A, d(X)\rangle\},$$
$$val(\nu[A := (X)](E)) :=$$
$$\{t|t(Y) \in \pi[Y](E) \wedge t(A) = \{t'(X)|t' \in val(E) \wedge t'(Y) = t(Y)\}\}.$$

Beispiel 2.3.1. Angenommen es sei die Relation "Part" gegeben (siehe Tabelle unten links). Der Kürze halber ist nur eine Teilmenge der Attribute enthalten. Mit Part' := $\nu[p\_part := (p\_partkey, p\_name)]$(Part) lässt sich die Relation Part nach dem Attribut "p_type" gruppieren (für das Ergebnis, siehe Tabelle unten rechts).

p_partkey	p_name	p_type
1	Part#1	TypeA
2	Part#2	TypeA
3	Part#3	TypeB
4	Part#4	TypeC
5	Part#5	TypeC
6	Part#6	TypeC

p_type	p_part	
	p_partkey	p_name
TypeA	1	Part#1
	2	Part#2
TypeB	3	Part#3
TypeC	4	Part#4
	5	Part#5
	6	Part#6

$\diamond$

Der Unnest-Operator $\mu[A](E)$ stellt die inverse Operation zum Nest-Operator dar, wobei A ein nicht-atomares Attribut von E ist, welches als Schema die Attribute $A_1, ..., A_n$ besitzt. Durch Anwendung des Ausdruckes $\mu[A](R)$ wird das Attribut A aus E entfernt und die Attribute $A_1, ..., A_n$ als neue Top-Level Attribute zu E hinzugefügt, wobei für jeden äußeren Tupel von E ein Kreuzprodukt mit den dazugehörigen Tupel der Subrelation von A gebildet wird. Somit lässt sich aus einer verschachtelten wieder eine flache Relation erzeugen. Auch der Unnest-Operator wird im Folgenden formal definiert.

Definition 2.3.5 (Unnest-Operator). *Angenommen es sei ein gültiger algebraischer Ausdruck E und ein nicht-atomares Attribut $A \in attr(E)$ sowie $Y = attr(E) \setminus \{A\}$ mit $attr(A) \cap Y = \emptyset$ gegeben, so ist der Unnest-Operator $\mu[A](E)$ definiert durch:*

$$sch(\mu[A](E)) := sch(E) \setminus d(A) \cup sch(A),$$

$$val(\mu[A](E)) := \{t \mid t(Y) = t'(Y) \wedge t(attr(A)) \in t'(A) \wedge t' \in val(E)\}.$$

Mit $\mu[\text{p\_part}](\text{Part'})$ lässt sich die verschachtelte Relation aus Beispiel 2.3.1 wieder in die ursprüngliche flache Relation transformieren.

3. Darstellung von Nested Queries in der NF²-Algebra

Um ein SQL-Statement mit Hilfe von Äquivalenzregeln optimieren zu können, muss dieses zuerst in eine algebraische Darstellung transformiert werden. Daher wird in diesem Kapitel aufgezeigt, wie sich in SQL gegebene Nested Queries durch NF²-Ausdrücke darstellen lassen. In Abschnitt 3.1 werden zuerst grundlegende Definitionen eingeführt wie z.B. die Darstellung einer Gruppierung in der NF²-Algebra. Danach wird in Abschnitt 3.2 thematisiert, wie sich Subqueries in der WHERE-Clause durch NF²-Ausdrücke repräsentieren lassen. Des Weiteren wird in Abschnitt 3.3 die Darstellung von Nested Queries in der SELECT- und FROM-Clause behandelt.

3.1 Einleitende Definitionen

Ein wichtiger Bestandteil von SQL-Statements sind sogenannte Aggregationsfunktionen. Dazu zählen z.B. die Funktionen *COUNT*, *MIN*, *MAX*, *SUM* oder *AVG*. Daher müssen auch Aggregationsfunktionen in der NF²-Algebra definiert werden. Kennzeichnend für eine Aggregationsfunktion ist es, dass sie als Input eine Menge von atomaren Werten erhält und als Output wieder einen atomaren Wert zurückliefert. Somit entspricht der Wertebereich des Inputs der Potenzmenge des atomaren Domain D. Der Wertebereich des Outputs entspricht D. Damit die Aggregationsfunktionen berechenbar sind, sei hier die Anforderung gegeben, dass D numerische Werte enthält.

Definition 3.1.1 (Aggregationsfunktion). *Gegeben sei eine Aggregationsfunktion f, deren Input eine Liste atomarer Werte ist und die als Output einen atomaren Wert zurückliefert.*

$$f : \mathcal{P}(\mathcal{D}) \to \mathcal{D}$$

Meist treten Aggregationsfunktionen in einem SQL-Statement in Kombination mit einer Gruppierung nach bestimmten Spalten auf (dargestellt durch das Schlüsselwort "GROUP BY"). Pro Gruppe wird dann der Wert der entsprechenden Aggregationsfunktion berechnet. In der NF²-Algebra lässt sich eine Gruppierung durch eine verschachtelte Projektion darstellen, wie es in Definition 3.1.2 zu sehen ist.

Definition 3.1.2 (Gruppierung). *Gegeben sei eine Relation R und eine Menge von atomaren Attributen $A = \{A_1, ..., A_n\} \subseteq attr(R)$. Des Weiteren sei $R' := \pi[A'_1 :=$*

$A_1, ..., A'_n := A_n, attr(R) \setminus A](R)$ *gegeben. Dann ist die Gruppierung der Relation R nach A definiert durch:*

$$\pi[A, G := \pi[attr(R') \setminus \{A'_1, ..., A'_n\}](\sigma[A'_1 = A_1 \wedge ... \wedge A'_n = A_n](R'))](R).$$

Für jeden äußeren Tupel t aus R wird die Teilmenge der Tupel aus R' ausgewählt, die in den Attributen $A'_1, ..., A'_n$ die selben Werte besitzen wie der Tupel t in den Attributen $A_1, ..., A_n$. Es sei angemerkt, dass bei R' die Attribute $A_1, ..., A_n$ zu $A'_1, ..., A'_n$ umbenannt wurden, um keine Namenskonflikte zu erhalten und eindeutig zu definieren aus welchen Relationen die Attribute stammen. Eine Aggregation der Gruppen erfolgt nun durch Anwendung von f auf ein Attribut von G. Im vorherigen Kapitel wurde der Nest-Operator vorgestellt, der auch eine Gruppierung durchführt. Daher gilt folgende Äquivalenz:

$$\pi[A, G := \pi[attr(R') \setminus \{A'_1, ..., A'_n\}](\sigma[A'_1 = A_1 \wedge ... \wedge A'_n = A_n](R'))](R)$$
$$\equiv \nu[G := attr(R) \setminus A](R).$$

Beispiel 3.1.1. Es sei die Relation "Orders" gegeben (der Kürze halber ist nur eine Teilmenge der Attribute enthalten).

o_orderkey	o_custkey	o_totalprice
1	5	100
2	5	500
3	2	30
4	2	60

Der unten stehende Ausdruck gruppiert die Relation nach dem Customer-Key.

$\pi[\text{o\_custkey}, G :=$
$\quad \pi[attr(\text{Orders'}) \setminus \{o\_custkey'\}](\sigma[\text{o\_custkey'} = \text{o\_custkey}](\text{Orders'}))](\text{Orders})$

o_custkey	G	
	o_orderkey	o_totalprice
2	3	30
	4	60
5	1	100
	2	500

◇

In Kombination mit einer Aggregationsfunktion kann die eben definierte Gruppierung innerhalb eines Query Optimizers als Repräsentation eines Group-By/Aggregate Operators auf der logischen Ebene betrachtet werden. Dies ermöglicht weitere logische Umschreibungen des Ausdruckes, so dass z.B. redundante Gruppierungen durch Anwendung von Äquivalenzregeln eliminiert werden können (genauere Details dazu werden in Kapitel 5 aufgezeigt). Des Weiteren wird in Definition 3.1.3 ein Group-By/Aggregate Operator eingeführt, der als physikalische Repräsentation des logischen Group-By/Aggregate Operators betrachtet werden kann. Als weiteren Vorteil im Zuge dieser Arbeit, lassen sich mit diesem Operator Gruppierungen mit Aggregationen innerhalb eines NF^2-Ausdruckes kürzer bzw. übersichtlicher darstellen. Damit wird es auch einfacher für einen optimierten Ausdruck das resultierende äquivalente SQL-Statement abzuleiten (welches später für die Evaluation in Kapitel 7 benötigt wird).

Definition 3.1.3 (Group-By/Aggregate Operator). *Gegeben sei eine Relation R, eine Menge von Attributen $A = \{A_1, ..., A_n\} \subseteq attr(R)$ und eine Menge von Aggregationsfunktionen $F = \{f_1, ..., f_k\}$, sowie die Attribute $B_1, ..., B_k \in attr(R) \setminus A$. Der Group-By/Aggregate Operator $\gamma[A; F](R)$ gruppiert die Tupel in R nach den Attributen aus A und wendet auf den Attributen $B_1, ..., B_k$ die Funktionen $f_1, ..., f_k$ an:*

$$\gamma[A; F](R) := \pi[A, agg_{f_1} := f_1(\pi[B_1](G)), ..., agg_{f_k} := f_k(\pi[B_k](G))]($$
$$\nu[G := attr(R) \setminus A](R)).$$

Bezüglich der Notation sei angemerkt, dass der Kürze halber in dieser Arbeit die Mengenklammern im Ausdruck $\gamma[\{A_1, ..., A_n\}; \{f_1, ..., f_k\}](R)$ ignoriert werden, und hingegen der vereinfachte Ausdruck $\gamma[A_1, ..., A_n; f_1, ..., f_k](R)$ verwendet wird.

Beispiel 3.1.2. Der Ausdruck $\gamma[o\_custkey; MAX(o\_totalprice)](Orders)$ gruppiert die Orders Tabelle aus Beispiel 3.1.1 nach dem Customer-Key und bestimmt für jeden Customer die teuerste Bestellung. Das Ergebnis ist in der nachfolgenden Tabelle dargestellt.

o_custkey	agg_max
2	60
5	500

$\diamond$

Bei Subqueries kann es vorkommen, dass diese jeweils auf den gleichen Relationen nach den selben Attributen gruppieren. Verwenden die Subqueries unterschiedliche Prädikate in der WHERE-Clause, so lassen sich die redundanten Gruppierungen nicht einfach zusammenfassen, da sie auf unterschiedlichen Teilmengen angewendet werden. Daher wird nun ein sogenannter "bedingter Group-By/Aggregate Operator" definiert, der sich in SQL durch Kombination von GROUP BY, HAVING/WHERE und dem CASE-Statement darstellen lässt. Der eben beschriebene Fall kann mit diesem Operator wie folgt behandelt werden: Angenommen es existieren zwei redundante Subqueries, die jeweils die Relation R nach der Attributmenge A gruppieren, aber unterschiedliche Prädikate F_1 und F_2 in der WHERE-Clause besitzen. In diesem Fall gruppiert der neue Operator zuerst R nach A. Danach gehen in die Berechnung des Aggregationswertes einer Gruppe nur diejenigen Tupel ein, die F_1 bzw. F_2 erfüllen. Zuletzt müssen noch die Gruppen entfernt werden, die in einem Aggregationsergebnis *NULL* besitzen. Dafür wird der sogenannte *Reduktions-Operator* (dargestellt durch ρ) aus der Arbeit von Scholl [18] verwendet. Der Reduktions-Operator $\rho[B_1, ..., B_n](R)$ entspricht einer Selektion, bei der alle Tupel aus R zurückgeliefert werden, die keine Null-Werte in den Attributen $B_1, ..., B_n$ enthalten. Ein Spezialfall tritt bei der COUNT-Funktion auf, bei der eine Abfrage nach Ungleich 0 durchgeführt werden muss (dies wird jedoch aus Gründen der Übersichtlichkeit in der kommenden Definition ignoriert).

Definition 3.1.4 (Bedingter Group-By/Aggregate Operator). *Gegeben sei eine Relation R, eine Menge von Attributen $A = \{A_1, ..., A_n\} \subseteq attr(R)$, eine Menge von Funktions- und Bedingungspaaren $F = \{(f_1, C_1), ..., (f_k, C_k)\}$, sowie die Attribute $B_1, ..., B_k \in attr(R) \setminus A$. Der bedingte Group-By/Aggregate Operator $\gamma^*[A; F](R)$ gruppiert die Tupel in R nach den Attributen aus A und wendet auf den Attributen $B_1, ..., B_k$ die Funktionen $f_1, ..., f_k$ an. Dabei wird eine Funktion f_i nur auf diejenigen Tupel angewendet, die die dazugehörige Bedingung C_i erfüllen:*

$$\gamma^*[A; F](R) := \rho[agg_{f_1}, ..., agg_{f_k}](\pi[A, agg_{f_1} := f_1(\pi(\pi[B_1](\sigma[C_1](G)))), ...,$$
$$agg_{f_k} := f_k(\pi[B_k](\sigma[C_k](G)))](\$$
$$\nu[G := attr(R) \setminus A](R))).$$

In Beispiel 3.1.3 wird an einer konkreten Query die Anwendungsmöglichkeit des bedingten Group-By/Aggregate Operators verdeutlicht.

Beispiel 3.1.3. Gegeben sei eine Query, die für jeden Kunden die teuerste Bestellung mit Priorität "1-URGENT" und die teuerste Bestellung mit Priorität "2-HIGH" bestimmt.

```
SELECT *
FROM (SELECT o_custkey, MAX(o_totalprice) AS max_price_urgent
      FROM Orders
      WHERE o_orderpriority = '1-URGENT'
      GROUP BY o_custkey) AS O1,
     (SELECT o_custkey, MAX(o_totalprice) AS max_price_high
      FROM Orders
      WHERE o_orderpriority = '2-HIGH'
      GROUP BY o_custkey) AS O2
WHERE O1.o_custkey = O2.o_custkey
```

Diese Query lässt sich alternativ formulieren, wie es unten zu sehen ist.

```
SELECT *
FROM (SELECT o_custkey,
      MAX(CASE WHEN o_orderpriority = '1-URGENT'
          THEN o_totalprice END) AS max_price_urgent
      MAX(CASE WHEN o_orderpriority = '2-HIGH'
          THEN o_totalprice END) AS max_price_high
      FROM Orders
      GROUP BY o_custkey) AS O1
WHERE max_price_urgent IS NOT NULL AND max_price_high IS NOT NULL
```

Die beiden Gruppierungen werden zu einer Gruppierung zusammengefasst und die Prädikate als CASE-Statements umgeschrieben. Zusätzlich müssen noch alle Tupel entfernt werden, die NULL in einem Aggregationsattribut enthalten. Die umgeschriebene Query kann in der NF^2-Algebra durch folgenden Ausdruck repräsentiert werden:

$\gamma^*[o\_custkey;$
$(MAX(o\_totalprice), o\_orderpriority = \text{'1-URGENT'}),$
$(MAX(o\_totalprice), o\_orderpriority = \text{'2-HIGH'})](Orders).$

◇

In SQL existieren auch Typen von Subqueries, die sich durch Window Functions eliminieren lassen. Um solche Transformationen später mit Äquivalenzregeln darstellen zu können, ist es notwendig für das in SQL bekannte Konzept von Window Functions eine Repräsentation in der NF^2-Algebra zu finden. Doch für unsere Zwecke ist es ausreichend, nur die "PARTITION BY" Funktion umzusetzen. Andere Möglichkeiten wie z.b. die Definition eines Aggregationsfensters werden nicht benötigt.

Definition 3.1.5 (Window Function). *Gegeben sei eine Relation R, eine Menge von Attributen $L \subseteq attr(R)$, eine Funktion f, ein Attribut $B \in attr(R)$ und eine Attributmenge $A = \{A_1, ..., A_k\} \subseteq attr(R)$. R' ist die umbenannte Relation R. Des Weiteren sei die unten stehende Query gegeben.*

SELECT L, $f(B)$ OVER(PARTITION BY A)
FROM R

Die Query lässt sich durch den Ausdruck

$$\pi[L, \omega[A; f(B)](R')](R)$$

repräsentieren, wobei die Window Function ω innerhalb der Projektion definiert ist durch:

$$\omega[A; f(B)](R') := f(\pi[B](\sigma[A_1' = A_1 \wedge ... \wedge A_k' = A_k](R'))).$$

3.2 Subqueries in der WHERE-Clause

In diesem Abschnitt wird aufgezeigt, wie sich ein SQL-Statement mit Subqueries in der WHERE-Clause als NF^2-Ausdruck darstellen lässt. In der Praxis treten Subqueries häufig in der WHERE-Clause auf, da sich damit bestimmte Queries einfacher formulieren lassen. Dies lässt sich an der Query in Beispiel 3.2.1 einsehen. Bei der ersten Formulierung wird die Query in Teilprobleme zerlegt: Zuerst wird in der Subquery der entsprechende Durchschnittspreis berechnet und erst danach überprüft, ob der Preis des äußeren Tupels größer ist, als der berechnete Durchschnitt. Im Vergleich dazu liefert die zweite Query aus Beispiel 3.2.1 die selben Tupel zurück, ist aber komplexer formuliert: Es wird zuerst eine Gruppierung nach dem Typ durchgeführt und für jede Gruppe der Durchschnittspreis berechnet. Am Ende wird das Ergebnis der Gruppierung mit den Part-Tupeln gejoint und diejenigen Tupel ausgewählt, die teurer als der Durchschnittspreis der dazugehörigen Gruppe sind.

Beispiel 3.2.1. Folgende Query liefert alle Produkte zurück, die teurer sind als der Durchschnittspreis von Produkten der selben Produktgruppe.

```
SELECT P1.p_name
FROM Part AS P1
WHERE P1.p_retailprice > (
    SELECT AVG(P2.p_retailprice)
    FROM Part AS P2
    WHERE P2.p_type = P1.p_type
)
```

Unten stehend ist die alternative (aber komplexere) Query.

```
SELECT P1.p_name
FROM Part AS P1,
    (SELECT p_type, AVG(p_retailprice) AS avg_price
    FROM Part
    GROUP BY p_type) AS P2
WHERE P2.p_type = P1.p_type AND P1.p_retailprice > P2.avg_price
```

◇

Nach diesem kurzen Beispiel, das die Relevanz von Subqueries in der WHERE-Clause verdeutlichen sollte, wird nun dargestellt wie sich die verschiedenen Arten ((NOT) IN, (NOT) EXISTS, ANY und ALL) von Subqueries in der NF²-Algebra repräsentieren lassen.

Abbildung des IN-Operators

Der IN-Operator findet Anwendung in der WHERE-Clause eines SQL-Statements und liefert für ein Tupel *TRUE* zurück, wenn der Wert der ausgewählten Spalte in der Ergebnismenge der Subquery vorkommt. In der NF²-Algebra lässt sich der IN-Operator direkt mit der Mengenoperation "∈" darstellen. In Beispiel 3.2.2 wird zu einem SQL-Statement mit IN-Operator der äquivalente NF²-Ausdruck angegeben.

Beispiel 3.2.2. Folgende Query liefert alle Teile zurück, die von einem Lieferanten geliefert werden (d.h. wenn der Key des Teils in der PartSupp Tabelle vorkommt).

```
SELECT p_name
FROM Part
WHERE p_partkey IN (SELECT ps_partkey
                    FROM PartSupp)
```

Äquivalenter NF²-Ausdruck:

$$\pi[\text{p\_name}](\sigma[\text{p\_partkey} \in \pi[\text{ps\_partkey}](\text{PartSupp})](\text{Part})).$$

◇

In Definition 3.2.1 wird nochmals formal die Darstellung des IN-Operators in der NF²-Algebra festgehalten.

Definition 3.2.1. *Gegeben sei ein SQL-Statement mit einer Subquery S in der WHERE-Clause. Die SELECT-Clause der Subquery S projiziert auf ein bestimmtes Attribut, welches den selben Datentyp wie das Attribut A besitzt.*

```
SELECT L
FROM R
WHERE A IN (S)
```

Das SQL-Statement wird durch folgenden NF²-Ausdruck repräsentiert, wobei S' ein zum SQL-Statement S äquivalenter NF²-Ausdruck ist:

$$\pi[L](\sigma[A \in S'](R)).$$

Das "NOT IN"-Statement in SQL lässt sich in der NF²-Algebra mit der Mengenoperation "$\notin$" darstellen.

Abbildung des EXISTS-Operators

Der EXISTS-Operator liefert *TRUE* zurück, falls die Ergebnismenge der dazugehörigen Subquery nicht leer ist (d.h. es muss mindestens ein Tupel durch die Subquery zurückgeliefert werden). In der NF²-Algebra lässt sich dieser Operator mit Hilfe der COUNT-Funktion darstellen. In Beispiel 3.2.3 ist dies einzusehen.

Beispiel 3.2.3. Die folgende Query ist eine alternative Darstellung der Query aus Beispiel 3.2.1.

```
SELECT p_name
FROM Part
WHERE EXISTS (
    SELECT *
    FROM PartSupp
    WHERE ps_partkey = p_partkey
)
```

In der NF²-Algebra lässt sich diese Query wie folgt repräsentieren:

$$\pi[\text{p\_name}]($$
$$\sigma[\text{COUNT}(\sigma[\text{ps\_partkey} = \text{p\_partkey}](\text{PartSupp})) \neq 0](\text{Part})).$$

$\Diamond$

In Definition 3.2.2 wird die Darstellung des EXISTS-Operators in der NF²-Algebra festgehalten.

Definition 3.2.2. *Gegeben sei ein SQL-Statement mit einer Subquery S in der WHERE-Clause.*

```
SELECT L
FROM R
WHERE EXISTS (S)
```

Das SQL-Statement wird durch folgenden NF²-Ausdruck repräsentiert, wobei S' ein zum SQL-Statement S äquivalenter NF²-Ausdruck ist:

$$\pi[L](\sigma[\text{COUNT(S')} \neq 0](R)).$$

Bei "NOT EXISTS" muss in Definition 3.2.2 "COUNT(S') $\neq$ 0" zu "COUNT(S') = 0" abgeändert werden. Alternativ könnte EXISTS (bzw. NOT EXISTS) durch "S' $\neq$ $\emptyset$" (bzw. "S' = $\emptyset$") dargestellt werden.

Abbildung des ANY-Operators

Der ANY-Operator wird in Kombination mit einer Spalte (bzw. einem Wert) und einem Vergleichsoperator verwendet und liefert *TRUE* zurück, falls mindestens ein Tupel der Ergebnismenge der Subquery den Vergleich erfüllt. Abhängig vom eingesetzten Vergleichsoperator kann ANY in der NF²-Algebra mit den Aggregationsfunktionen MIN oder MAX dargestellt werden, wie es in Beispiel 3.2.4 zu sehen ist.

Beispiel 3.2.4. Folgende Query liefert alle Teile zurück, die günstiger als das teuerste Teil sind.

```
SELECT p_name
FROM Part
WHERE p_retailprice < ANY (
    SELECT p_retailprice
    FROM Part
)
```

In der NF²-Algebra lässt sich diese Query wie folgt repräsentieren:

$$\pi[\text{p\_name}](\sigma[\text{p\_retailprice} < \text{MAX}(\pi[\text{p\_retailprice'}](\text{Part'}))](\text{Part})).$$

$\diamond$

Definition 3.2.3 beschreibt wie die unterschiedlichen Fälle (abhängig vom Vergleichsoperator) in der NF²-Algebra dargestellt werden.

Definition 3.2.3. *Gegeben sei ein SQL-Statement mit einer Subquery S in der WHERE-Clause. Die SELECT-Clause der Subquery S projiziert auf ein bestimmtes Attribut, welches den selben Datentyp wie das Attribut A besitzt. Des Weiteren sei der Vergleichsoperator $\theta \in \{<, \leq, >, \geq, =, \neq\}$ gegeben.*

```
SELECT L
FROM R
WHERE A θ ANY (S)
```

Abhängig von θ werden drei Fälle unterschieden, wie ein SQL-Statement mit ANY-Operator durch einen NF²-Algebra Ausdruck repräsentiert wird (S' sei hier wieder ein zu S äquivalenter NF²-Ausdruck).

1. θ ∈ {<, ≤}:

$$\pi[L](\sigma[A \ \theta \ \text{MAX(S')}](R))$$

2. θ ∈ {>, ≥}:

$$\pi[L](\sigma[A \ \theta \ \text{MIN(S')}](R))$$

3. θ ∈ {=}:

$$\pi[L](\sigma[A \in \text{S'}](R))$$

Abbildung des ALL-Operators

Zuletzt wird die Behandlung des ALL-Operators aufgezeigt. Wie auch bei ANY, muss bei ALL ein Vergleichsoperator und eine Spalte (bzw. ein Wert) mit angegeben werden. Der ALL-Operator liefert *TRUE* zurück, falls alle Tupel der Ergebnismenge der Subquery die vorhandene Bedingung erfüllen. Auch der ALL-Operator wird mit Aggregationsfunktionen als NF²-Ausdruck repräsentiert, wie es Beispiel 3.2.5 zeigt.

Beispiel 3.2.5. Folgende Query liefert die teuersten Teile zurück.

```
SELECT p_name
FROM Part
WHERE p_retailprice >= ALL (
    SELECT p_retailprice
    FROM Part
)
```

In der NF²-Algebra lässt sich diese Query wie folgt repräsentieren:

$$\pi[\text{p\_name}](\sigma[\text{p\_retailprice} \geq \text{MAX}(\pi[\text{p\_retailprice'}](\text{Part'}))](\text{Part})).$$

◇

Wie auch beim ANY-Operator müssen beim ALL-Operator abhängig vom Vergleichsoperator verschiedene Fälle betrachtet werden. In Definition 3.2.4 ist dies einzusehen.

Definition 3.2.4. *Gegeben sei ein SQL-Statement mit einer Subquery S in der WHERE-Clause. Die SELECT-Clause der Subquery S projiziert auf ein bestimmtes Attribut, welches den selben Datentyp wie das Attribut A besitzt. Des Weiteren sei der Vergleichsoperator θ ∈ {<, ≤, >, ≥} gegeben.*

```
SELECT L
FROM R
WHERE A θ ALL (S)
```

Abhängig von θ werden nun zwei Fälle unterschieden, wie ein SQL-Statement mit ALL-Operator durch einen NF²-Algebra Ausdruck repräsentiert wird (S' sei hier wieder ein zu S äquivalenter NF²-Ausdruck):

1. θ ∈ {<, ≤}:

$$\pi[L](\sigma[A\ \theta\ \text{MIN(S')}](R))$$

2. θ ∈ {>, ≥}:

$$\pi[L](\sigma[A\ \theta\ \text{MAX(S')}](R))$$

3.3   Subqueries in der SELECT- und FROM-Clause

Neben Subqueries in der WHERE-Clause, können in SQL auch Subqueries in der FROM- oder SELECT-Clause auftreten. In der NF²-Algebra lassen sich diese Fälle einfach abbilden. In Beispiel 3.3.1 wird dies veranschaulicht.

Beispiel 3.3.1. Gegeben sei eine Query, die für jeden Kunden die Gesamtanzahl seiner Bestellungen ausgibt.

```
SELECT o_custkey, (SELECT COUNT(*) FROM Orders  O2
     WHERE O2.o_custkey = O1.o_custkey) AS nrOrders
FROM Orders  O1
```

In der NF²-Algebra lässt sich die Subquery in der SELECT-Clause direkt als NF²-Ausdruck in der Projektionsliste des Projektions-Operators darstellen.

$$\pi[\text{o\_custkey}, \text{nrOrders} := \text{COUNT}(\sigma[\text{o\_custkey'} = \text{o\_custkey}](\text{Orders'}))](\text{Orders})$$

Die Relation Orders' sei die umbenannte Orders Tabelle. Bei einer ausführlichen Schreibweise des obigen NF²-Ausdruckes müsste durch eine weitere Projektion zuerst die Orders Tabelle zu Orders' umbenannt werden. Doch der Kürze halber wird hier auf diesen Schritt verzichtet und direkt Orders' geschrieben.   ◇

In Definition 3.3.1 wird die Transformation einer Subquery in der SELECT-Clause zu einem NF²-Ausdruck festgehalten.

Definition 3.3.1. *Gegeben sei ein SQL-Statement mit einer Subquery S in der SELECT-Clause.*

```
SELECT L, (S) AS Y
FROM R
```

Das SQL-Statement wird durch folgenden NF^2-Ausdruck repräsentiert, wobei S' ein zum SQL-Statement S äquivalenter NF^2-Ausdruck ist:

$$\pi[L, Y := S'](R).$$

Subqueries in der FROM-Clause lassen sich trivial darstellen. Dabei wird eine Subquery in der FROM-Clause direkt als Input des entsprechenden NF^2-Operators abgebildet, wie es in Definition 3.3.2 einzusehen ist.

Definition 3.3.2. *Gegeben sei ein SQL-Statement mit einer Subquery S in der FROM-Clause.*

```
SELECT L
FROM S
WHERE F
```

Das SQL-Statement wird durch folgenden NF^2-Ausdruck repräsentiert, wobei S' ein zum SQL-Statement S äquivalenter NF^2-Ausdruck ist:

$$\pi[L](\sigma[F](S')).$$

4. NF²-Regeln für aktuelle Nested Query Optimierungstechniken

Im vorherigen Kapitel wurde darauf eingegangen, wie sich Nested Queries durch NF²-Ausdrücke repräsentieren lassen. Dies erlaubt uns nun, aktuelle Nested Query Optimierungstechniken, die auf der SQL-Ebene arbeiten, durch NF²-Äquivalenzregeln darzustellen. Diese Optimierungsverfahren transformieren eine gegebene Query, die einem bestimmten Muster entspricht, in eine andere Form, die ebenfalls durch ein festgelegtes Muster definiert ist. Zum Beispiel kann eine Subquery mit dem IN-Operator in einen Join umgeschrieben werden. Die Tatsache, dass der Input und der Output solcher Transformationen jeweils einem Muster entsprechen, ermöglicht es, diese Umschreibungen in NF²-Äquivalenzregeln festzuhalten. Der Vorteil, der sich durch die Verwendung von Äquivalenzregeln ergibt, ist die einfache Erweiterbarkeit eines Query Optimizers. Sobald der NF²-Ansatz in einem Query Optimizer implementiert ist (in Kapitel 6 wird dazu die Erweiterung eines auf dem Cascades Framework basierenden Optimizers vorgestellt), muss zur Einführung einer neuen Optimierungstechnik, nur eine neue Äquivalenzregel hinzugefügt werden. Heutige Query Optimizer führen meist für die Umschreibung von Nested Queries eine Art Preprocessing auf der SQL-Ebene aus und trennen diese Phase somit von der logischen Optimierung, die wiederum auf der klassischen relationalen Algebra basiert. Dies ist dadurch begründet, dass sich Nested Queries nicht mit der "flachen" relationalen Algebra darstellen lassen. Hingegen ermöglicht die Verwendung von NF²-Äquivalenzregeln ein einheitlicheres Design des Query Optimizers, da nun auch die Optimierung von Nested Queries auf der logischen Ebene stattfinden kann und kein zusätzliches Preprocessing mehr nötig ist. Daraus ergeben sich mehr Kombinationsmöglichkeiten und folglich mehr Pläne, was zu einer besseren Abdeckung des Suchraumes führt. Somit erhöht sich die Wahrscheinlichkeit für eine gegebene Query den besten Ausführungsplan zu finden.

Dieses Kapitel ist wie folgt aufgebaut: Es werden drei verschiedene Nested Query Optimierungsverfahren vorgestellt und aufgezeigt, wie diese durch NF²-Äquivalenzregeln repräsentiert werden können. Im ersten Abschnitt wird die Entnestung von Subqueries in der WHERE-Clause vorgestellt. Dabei werden Nested Queries in Joins umgeschrieben. Im zweiten Abschnitt wird erläutert, welche Arten von Subqueries zusammengefasst bzw. eliminiert werden können. Als letztes wird im dritten Abschnitt gezeigt, wie bestimmte Subqueries durch Window Functions ersetzt werden können.

4.1   Entnestung von Subqueries

In der Arbeit von Kim [12] wird beschrieben, wie Nested Queries in der WHERE-Clause durch Joins ersetzt werden können. Alle dabei durchgeführten Umschreibungen werden direkt auf dem gegebenen SQL-Statement ausgeführt. Die Grundidee dieser Transformationen besteht darin, zu vermeiden, dass für jeden äußeren Tupel der Query die dazugehörige Subquery evaluiert werden muss. Durch die Umschreibung in einen Join, wird es dem Query Optimizer ermöglicht, andere effizientere Join-Varianten wie z.b. einen Hash Join in Betracht zu ziehen, und somit die Kosten des daraus resultierenden Plans deutlich zu reduzieren. Die verschiedenen Arten von Subqueries in der WHERE-Clause teilt Kim in vier Kategorien ein. In diesem Abschnitt werden zuerst die Queries vom sogenannten *Typ-N* und *Typ-J* dargestellt und deren Transformation erläutert. Die Umschreibung dieser beiden Typen erfolgt nach dem gleichen Schema. Danach wird die Transformation von Queries vom *Typ-JA* aufgezeigt. Auf die letzte Kategorie vom *Typ-A* wird in dieser Arbeit nicht weiter eingegangen, da bei dieser Kategorie die Subquery als Ergebnis nur einen atomaren Wert zurückliefert und auch unabhängig von der äußeren Query ausgewertet werden kann, und daher keine weiteren Umschreibungen nötig sind.

Entnestung von Typ-N und Typ-J Nested Queries

Eine Subquery ist vom Typ-J, wenn sie in Kombination mit dem IN-Operator auftritt und keine Aggregation besitzt. Des Weiteren muss eine Korrelation zwischen der Subquery und der äußeren Query existieren (d.h. in einem Prädikat der inneren Query wird auf ein Attribut einer Relation der äußeren Query zugegriffen). Eine Typ-N Query hat im Vergleich zur Typ-J Query keine Korrelation, ansonsten müssen aber die selben Bedingungen wie beim Typ-J gelten. Beispiel 4.1.1 zeigt eine Typ-J Query und den dazugehörigen äquivalenten NF²-Ausdruck.

Beispiel 4.1.1. Die folgende Query ermittelt alle Teile, die von einem Lieferanten geliefert werden. Die PartSupp Tabelle stellt die Beziehung zwischen Tupel aus der Part und Supplier Tabelle her. Die Subquery ist eine alternative Darstellung des Joins zwischen der Part, Supplier und PartSupp Relation. Da die Subquery in Kombination mit dem IN-Operator auftritt, korreliert ist und keine Aggregation enthält, ist sie vom Typ-J.

```
SELECT p_name, s_name
FROM Part, Supplier
WHERE p_partkey IN (
    SELECT ps_partkey
    FROM PartSupp
    WHERE ps_suppkey = s_suppkey
)
```

Im Folgenden ist der dazu äquivalente NF^2-Ausdruck gegeben:

$\pi[\text{p\_name, s\_name}](\sigma[\text{p\_partkey} \in \pi[\text{ps\_partkey}]($

$\sigma[\text{ps\_suppkey} = \text{s\_suppkey}](\text{PartSupp}))](\text{Part} \times \text{Supplier})).$

◇

Die Nested Query aus Beispiel 4.1.1 kann nun durch Joins ersetzt werden. Nach Kim müssen dazu folgende Schritte ausgeführt werden. Zuerst wird die Relation der inneren Query in die FROM-Clause der äußeren Query geschrieben. Danach wird der IN-Operator durch ein Equality-Prädikat ersetzt, bei dem ein Operand das Attribut aus dem SELECT-Statement der Subquery ist. Der andere Operand ist das zum IN-Operator dazugehörige Attribut. Zuletzt wird die Korrelationsbedingung der Subquery in die WHERE-Clause der äußeren Query geschrieben und die Subquery entfernt. Beispiel 4.1.2 zeigt das Resultat der Transformation.

Beispiel 4.1.2.

SELECT p_name, s_name
FROM Part, Supplier, PartSupp
WHERE p_partkey = ps_partkey AND ps_suppkey = s_suppkey

Im Folgenden ist ein dazu äquivalenter (NF^2-)Ausdruck gegeben. Es sei angemerkt, dass dies nicht der effizienteste Ausdruck ist, da noch das Kreuzprodukt zwischen Part und Supplier vorhanden ist. Jedoch entspricht dies dem Ergebnis nach Anwendung der Äquivalenzregel aus Definition 4.1.1 und könnte noch weiter mit 1NF-Algebra Regeln optimiert werden.

$\pi[\text{p\_name, s\_name}]($

$\text{PartSupp} \bowtie_{\text{p\_partkey}=\text{ps\_partkey} \wedge \text{ps\_suppkey}=\text{s\_suppkey}} (\text{Part} \times \text{Supplier}))$

◇

In Definition 4.1.1 wird nun die Äquivalenzregel zur Entnestung einer Typ-J oder Typ-N Query eingeführt.

Definition 4.1.1 (Entnestung einer Typ-J/Typ-N Query). *Angenommen es seien die beiden NF^2-Ausdrücke Inner und Outer, die Attribute $A \in attr(Outer)$ und $B \in attr(Inner)$, sowie eine Bedingung F gegeben, so ist die Äquivalenzregel zur Entnestung einer Typ-J oder Typ-N Query wie folgt definiert (beim Typ-N ist $F := TRUE$; beim Typ-J stellt F die Korrelationsbedingung dar):*

$$\sigma[A \in \pi[B](\sigma[F](Inner))](Outer)$$
$$\equiv \pi[attr(Outer)](Outer \bowtie_{A=B \wedge F} Inner).$$

Entnestung von Typ-JA Nested Queries

Eine Typ-JA Query ist eine korrelierte Nested Query mit Aggregation. In Beispiel 4.1.3 wird eine Typ-JA Query dargestellt und der dazu äquivalente NF^2-Ausdruck angegeben.

Beispiel 4.1.3. Die folgende Query ermittelt alle Teile deren Preis größer ist als der Durchschnittspreis von Teilen des gleichen Typs. Dazu werden in einer Subquery alle Tupel bestimmt, die vom gleichen Typ wie der aktuelle äußere Tupel sind. Auf dieser Menge wird dann der Durchschnittspreis berechnet.

```
SELECT P1.p_name
FROM Part P1
WHERE P1.p_retailprice > (
      SELECT AVG(P2.p_retailprice)
      FROM Part P2
      WHERE P2.p_type = P1.p_type
)
```

Im Folgenden ist ein dazu äquivalenter NF²-Ausdruck gegeben. Es sei angemerkt, dass Part' eine umbenannte Relation von Part darstellt. Dies ist notwendig, um für ein gegebenes Attribut eindeutig spezifizieren zu können, ob es aus der inneren oder äußeren Relation stammt.

$$\pi[p\_name]($$
$$\sigma[p\_retailprice > AVG(\pi[p\_retailprice'](\sigma[p\_type' = p\_type](Part')))](Part))$$

◇

Nach Kim wird eine Typ-JA Query wie sie in Beispiel 4.1.3 dargestellt ist, wie folgt umgeschrieben. Die Relation der Subquery wird nach den Attributen der Korrelationsbedingung gruppiert und für jede Gruppe der Wert der Aggregationsfunktion berechnet. Danach wird die alte Subquery aus der WHERE-Clause entfernt und die eben beschriebene Gruppierung als Subquery zur FROM-Clause hinzugefügt. Zuletzt wird ein Join zwischen der ursprünglichen äußeren Tabelle und dem Gruppierungsergebnis durchgeführt und die Tupel ausgewählt, die die ursprüngliche Bedingung erfüllen (damit ist der Vergleich zwischen dem Attribut der äußeren Tabelle und dem aggregierten Wert der Subquery gemeint).

Beispiel 4.1.4. Ergebnis nach Transformation der Query aus Beispiel 4.1.3.

```
SELECT P1.p_name
FROM Part P1,
     (SELECT p_type, AVG(p_retailprice) AS avg_price
      FROM Part
      GROUP BY p_type) P2
WHERE P2.p_type = P1.p_type AND P1.p_retailprice > P2.avg_price
```

Der äquivalente NF^2-Ausdruck sieht wie folgt aus:

$$\pi[\text{p\_name}]($$
$$\sigma[\text{p\_retailprice} > \text{avg\_price}](\text{Part} \bowtie_{\text{p\_type'=p\_type}}$$
$$\gamma[\text{p\_type'}; \text{avg\_price} := \text{AVG}(\text{p\_retailprice'})](\text{Part'}))).$$

◇

Bevor die NF^2-Äquivalenzregeln zur Transformation von Typ-JA Queries eingeführt werden können, muss zuerst auf die separate Behandlung von Subqueries mit der COUNT-Funktion, wie es auch durch Ganski und Wong [8] beschrieben wird, eingegangen werden. Die COUNT-Funktion liefert den Wert 0 zurück, falls für einen äußeren Tupel die Ergebnismenge der Subquery leer ist. Der äußere Tupel ist in der Ergebnismenge der Query enthalten, falls im äußeren Prädikat die Gleichheit zwischen dem Wert eines Attributes und dem Wert der COUNT-Funktion überprüft wird, und der Tupel im entsprechenden Attribut ebenfalls den Wert 0 besitzt. Wird diese Query, wie bei Kim beschrieben, in einen Join mit Gruppierung transformiert, so ist der eben erwähnte Tupel nicht in der Ergebnismenge enthalten und die originale und transformierte Query sind somit nicht äquivalent. Ist der Wert der COUNT-Funktion 0, so existiert dafür auch keine Gruppe in der Gruppierung der transformierten Query, die den Aggregationswert 0 besitzt. Daher liefern beide Queries unterschiedliche Ergebnisse zurück. Doch dieses Problem kann dadurch gelöst werden, dass bei der transformierten Query vor der Gruppierung ein Full Outer Join zwischen der inneren und äußeren Relation der ursprünglichen Query durchgeführt wird. Des Weiteren ist für ein Inequality-Prädikat als Korrelationsbedingung ebenfalls eine separate Behandlung nötig. Bei diesem Fall muss vor der Gruppierung ein Inequality-Join zwischen der inneren und äußeren Relation der ursprünglichen Query ausgeführt werden. In Definition 4.1.2 werden die NF^2-Äquivalenzregeln zur Transformation einer Typ-JA Query unter Berücksichtigung der eben genannten Spezialfälle eingeführt.

Definition 4.1.2 (Entnestung einer Typ-JA Query). *Gegeben seien die beiden NF^2-Ausdrücke Inner und Outer, die Attribute $A \in attr(Outer)$ und $B \in attr(Inner)$, eine Aggregationsfunktion f, sowie der Vergleichsoperator $\theta \in \{<, \leq, >, \geq, =, \neq\}$. Des Weiteren sei eine Bedingung F gegeben, die die Korrelation zwischen äußerer und innerer Query herstellt. Dann ist die Äquivalenzregel zur Entnestung einer Typ-JA Query in Abhängigkeit der Aggretionsfunktion f und der Bedingung F wie folgt definiert.*

1. *Es gilt $f \neq COUNT$. Des Weiteren besteht F aus konjunktiv verbundenen Subformeln der Form $A_i = B_j$ mit $A_i \in attr(Outer)$, $B_j \in attr(Inner)$. Die Menge G enthält die Attribute $B_j \in attr(Inner)$.*

$$\sigma[A \ \theta \ f(\pi[B](\sigma[F](Inner)))](Outer)$$
$$\equiv \pi[attr(Outer)](\sigma[A \ \theta \ agg](Outer \bowtie_F \gamma[G; agg := f(B)](Inner)))$$

2. *Es gilt $f \neq COUNT$. Des Weiteren besteht F aus konjunktiv verbundenen Subformeln der Form $A_i \ \theta' \ B_j$ mit $\theta' \in \{<, >, \neq\}$ und $A_i \in attr(Outer)$ und $B_j \in$*

attr(Inner). Die Menge G enthält die Attribute $A_i \in attr(Outer)$.

$$\sigma[A \; \theta \; f(\pi[B](\sigma[F](Inner)))](Outer)$$
$$\equiv \pi[attr(Outer)](\sigma[A \; \theta \; agg](Outer \bowtie \gamma[G; agg := f(B)](Outer \bowtie_F Inner)))$$

3. Es gilt $f = COUNT$. Des Weiteren besteht F aus konjunktiv verbundenen Sub-formeln der Form $A_i \; \theta' \; B_j$ mit $\theta' \in \{<, >, =, \neq\}$ und $A_i \in attr(Outer)$ und $B_j \in attr(Inner)$. Die Menge G enthält die Attribute $A_i \in attr(Outer)$.

$$\sigma[A \; \theta \; f(\pi[B](\sigma[F](Inner)))](Outer)$$
$$\equiv \pi[attr(Outer)](\sigma[A \; \theta \; agg](Outer \bowtie \gamma[G; agg := f(B)](Outer \rhd\!\lhd Inner)))$$

4.2 Subquery Coalescing

Nun werden NF²-Äquivalenzregeln definiert, mit denen redundante Subqueries vom glei-chen Typ in der WHERE-Clause eliminiert werden können. "Redundant" bedeutet in diesem Kontext, dass die Subqueries auf die gleichen Relationen zugreifen, aber sich in ihren Prädikaten unterscheiden können. Mit "Typ" ist gemeint, ob es sich um eine (NOT) EXISTS, ANY oder ALL Subquery handelt. Die hier abgeleiteten Äquivalenzre-geln basieren auf der Arbeit von Bellamkonda *et al.* [2], in der das Zusammenfassen von redundanten Subqueries als "Subquery Coalescing" bezeichnet wird. Beispiel 4.2.1 zeigt wie redundante Subqueries zusammengefasst werden können. Des Weiteren werden die dazu äquivalenten NF²-Ausdrücke angegeben.

Beispiel 4.2.1. Gegeben sei eine Query, die alle Bestellungen zurückliefert, die mindes-tens so teuer sind, wie alle Bestellungen mit hoher und mittlerer Priorität.

```
SELECT *
FROM Orders
WHERE o_totalprice >= ALL (
    SELECT o_totalprice
    FROM Orders
    WHERE o_orderpriority = '2-HIGH'
) AND o_totalprice >= ALL (
    SELECT o_totalprice
    FROM Orders
    WHERE o_orderpriority = '3-MEDIUM'
)
```

Unten ist der äquivalente NF²-Ausdruck gegeben.

$$\sigma[o\_totalprice \geq MAX(\pi[o\_totalprice'](}$$
$$\sigma[o\_orderpriority = \text{'2-HIGH'}](Orders'))) \land$$
$$o\_totalprice \geq MAX(\pi[o\_totalprice'](}$$
$$\sigma[o\_orderpriority = \text{'3-MEDIUM'}](Orders')))](Orders)$$

Die ursprüngliche Query lässt sich weiter vereinfachen.

```
SELECT *
FROM Orders
WHERE o_totalprice >= ALL (
    SELECT o_totalprice
    FROM Orders
    WHERE o_orderpriority = '2-HIGH' OR o_orderpriority = '3-MEDIUM'
)
```

Die Umschreibung der Query ist möglich aus folgenden Gründen. Angenommen ein äußerer Tupel der ursprünglichen Query kommt in der Ergebnismenge vor, so ist der Preis dieses Tupels größer gleich der Preise der Tupel der ersten und zweiten Subquery. Mithin ist dieser äußere Tupel auch in der Ergebnismenge der umgeschriebenen Query, da sein Preis größer gleich der Tupel mit hoher und mittlerer Priorität ist. Betrachtet man nun den Fall, dass ein äußerer Tupel der ursprünglichen Query nicht in der Ergebnismenge vorkommt, so existiert mindestens ein Tupel t in einer der beiden Subqueries, dessen Preis größer ist, als der Preis des äußeren Tupels. Auch in der umgeschriebenen Query kommt dieser Tupel t in der Subquery vor, so dass auch hier der entsprechende äußere Tupel nicht in der Ergebnismenge ist.

Der äquivalente NF^2-Ausdruck ist gegeben durch:

$$\sigma[\text{o\_totalprice} \geq \text{MAX}(\pi[\text{o\_totalprice'}]($$
$$\sigma[\text{o\_orderpriority'} = \text{'2-HIGH'} \vee$$
$$\text{o\_orderpriority'} = \text{'3-MEDIUM'}](\text{Orders'})))](\text{Orders}).$$

◇

Vor Definition der Regeln zur Eliminierung von redundanten Subqueries des gleichen Typs, ist es noch notwendig, den Begriff "Containment Property" aus der Arbeit von Bellamkonda *et al.* einzuführen. Man sagt, dass die Containment Property für zwei Subqueries S und S' erfüllt ist, wenn die Ergebnismenge von S eine Teilmenge der Ergebnismenge von S' ist (oder umgekehrt). Zum Beispiel ist dies der Fall, wenn beide Subqueries das gleiche Join-Prädikat (im Bezug zur äußeren Query) besitzen und eine der beiden Subqueries noch ein zusätzliches Prädikat hat, welches die Ergebnismenge weiter einschränkt. In der NF^2-Algebra ist die Containment Property erfüllt, wenn $val(S) \subseteq val(S')$ oder $val(S') \subseteq val(S)$ gilt. Nach dieser Vorbemerkung, können nun die Äquivalenzregeln eingeführt werden.

Definition 4.2.1 (Mergen von redundanten konjunktiven ALL/NOT EXISTS (bzw. disjunktiven ANY/EXISTS) Subqueries ohne Containment Property). *Es seien zwei Bedingungen F_1 und F_2 mit $val(\sigma[F_1](Inner)) \not\subseteq val(\sigma[F_2](Inner))$ und $val(\sigma[F_2](Inner)) \not\subseteq val(\sigma[F_1](Inner))$ gegeben. Des Weiteren sei $\theta_1 \in \{<, \leq, >, \geq, =, \neq\}$, $\theta_2 \in \{\wedge, \vee\}$ und $\theta_3 \in \{MIN, MAX, COUNT\}$ gegeben. Für die Belegungen $(\neq, \vee,$*

$COUNT$), $(=, \wedge, COUNT)$, $(<, \wedge, MIN)$, $(>, \wedge, MAX)$, $(<, \vee, MAX)$ und $(>, \vee,$ $MIN)$ für $(\theta_1, \theta_2, \theta_3)$ gilt folgende Äquivalenz:[1]

$$\sigma[(A \; \theta_1 \; \theta_3(\pi[B](\sigma[F_1](Inner))) \; \theta_2$$
$$(A \; \theta_1 \; \theta_3(\pi[B](\sigma[F_2](Inner))))](Outer)$$
$$\equiv \sigma[A \; \theta_1 \; \theta_3(\pi[B](\sigma[F_1 \vee F_2](Inner))](Outer).$$

Definition 4.2.2 (Mergen von redundanten konjunktiven ALL/NOT EXISTS (bzw. disjunktiven ANY/EXISTS) Subqueries mit Containment Property). *Es seien zwei Bedingungen F_1 und F_2 mit $val(\sigma[F_2](Inner)) \subseteq val(\sigma[F_1](Inner))$, sowie $\theta_1 \in \{<, \leq, >, \geq, =, \neq\}$, $\theta_2 \in \{\wedge, \vee\}$ und $\theta_3 \in \{MIN, MAX, COUNT\}$ gegeben. Dann gilt für die Belegungen $(\neq, \vee, COUNT)$, $(=, \wedge, COUNT)$, $(<, \wedge, MIN)$, $(>, \wedge, MAX)$, $(<, \vee, MAX)$ und $(>, \vee, MIN)$ für $(\theta_1, \theta_2, \theta_3)$ folgende Äquivalenz:[1]*

$$\sigma[(A \; \theta_1 \; \theta_3(\pi[A](\sigma[F_1](Inner))) \; \theta_2$$
$$(A \; \theta_1 \; \theta_3(\pi[A](\sigma[F_2](Inner))))](Outer)$$
$$\equiv \sigma[A \; \theta_1 \; \theta_3(\pi[A](\sigma[F_1](Inner))](Outer).$$

Definition 4.2.3 (Mergen von redundanten disjunktiven ALL/NOT EXISTS (bzw. konjunktiven ANY/EXISTS) Subqueries mit Containment Property.). *Es seien zwei Bedingungen F_1 und F_2 mit $val(\sigma[F_2](Inner)) \subseteq val(\sigma[F_1](Inner))$, sowie $\theta_1 \in \{<, \leq, >, \geq, =, \neq\}$, $\theta_2 \in \{\wedge, \vee\}$ und $\theta_3 \in \{MIN, MAX, COUNT\}$ gegeben. Dann gilt für die Belegungen $(\neq, \wedge, COUNT)$, $(=, \vee, COUNT)$, $(<, \vee, MIN)$, $(>, \vee, MAX)$, $(<, \wedge, MAX)$ und $(>, \wedge, MIN)$ für $(\theta_1, \theta_2, \theta_3)$ folgende Äquivalenz:[1]*

$$\sigma[(A \; \theta_1 \; \theta_3(\pi[A](\sigma[F_1](Inner))) \; \theta_2$$
$$(A \; \theta_1 \; \theta_3(\pi[A](\sigma[F_2](Inner))))](Outer)$$
$$\equiv \sigma[A \; \theta_1 \; \theta_3(\pi[A](\sigma[F_2](Inner))](Outer).$$

Wie im vorherigen Kapitel erläutert, werden ANY und ALL durch die Aggregationsfunktionen MIN und MAX dargestellt. Hingegen lässt sich EXISTS mit der COUNT-Funktion abbilden. Die drei Regeln fassen die möglichen unterschiedlichen Fälle zusammen, bei denen Subqueries eliminiert werden können. Die Fälle sind dabei abhängig vom Typ der Subqueries (ob ANY, ALL oder EXISTS), vom Boolschen Operator und ob die Containment Property erfüllt ist oder nicht. Die Struktur der linken Seiten der Regeln (also das Eingabemuster) sind identisch. Jedoch liefern die Regeln als Ergebnis unterschiedliche NF²-Ausdrücke zurück. Bei der ersten Regel werden in der neu entstandenen Subquery die beiden Prädikate der ursprünglichen Subqueries mit OR verbunden. Bei der zweiten und dritten Regel wird jeweils nur ein Prädikat aus einer ursprünglichen Subquery übernommen und das andere Prädikat verworfen.

---

[1]Bei $\theta_3 = COUNT$ ist $A = 0$. Für Fälle mit $(<, \theta_2, \theta_3)$ (bzw. $(>, \theta_2, \theta_3)$) gilt mithin auch $(\leq, \theta_2, \theta_3)$ (bzw. $(\geq, \theta_2, \theta_3)$).

Für die unten stehende Äquivalenzregel, die einen Fall von Definition 4.2.1 darstellt, soll gezeigt werden, wie die Korrektheit dieser Regel bewiesen werden kann. Damit wird zusätzlich der Vorteil einer formalen Darstellung unterstrichen.

$$\sigma[(A > \mathrm{MAX}(\pi[B](\sigma[F_1](Inner))) \wedge$$
$$(A > \mathrm{MAX}(\pi[B](\sigma[F_2](Inner))))](Outer)$$
$$\equiv \sigma[A > \mathrm{MAX}(\pi[B](\sigma[F_1 \vee F_2](Inner))](Outer)$$

Beweis. Es seien die Ausdrücke

$$E_1 := \sigma[(A > \mathrm{MAX}(\pi[B](\sigma[F_1](Inner))) \wedge (A > \mathrm{MAX}(\pi[B](\sigma[F_2](Inner))))](Outer)$$

$$\text{und} \quad E_2 := \sigma[A > \mathrm{MAX}(\pi[B](\sigma[F_1 \vee F_2](Inner)))](Outer)$$

gegeben. Damit $E_1 \equiv E_2$ gilt, muss $sch(E_1) = sch(E_2)$ und $val(E_1) = val(E_2)$ gelten, d.h. beide Ausdrücke müssen das selbe Schema und die selbe Wertemenge besitzen. Wie zu sehen ist, ist der äußerste Operator bei beiden Ausdrücken eine Selektion auf dem NF^2-Ausdruck "Outer". Daher gilt $sch(E_1) = sch(E_2)$. Nun muss noch $val(E_1) = val(E_2)$ gezeigt werden. O. B. d. A sei angenommen, dass m_1 das Maximum aus dem ersten Subausdruck von E_1 und m_1' das Maximum des zweiten Subausdruckes von E_1 ist. Des Weiteren sei m_2 das Maximum des Subausdruckes von E_2.

- $val(E_1) \subseteq val(E_2)$: Angenommen es sei ein Tupel $t \in val(E_1)$ gegeben. So muss $t(A) > m_1$ und $t(A) > m_1'$ gelten. Da $m_1 \in val(\pi[B](\sigma[F_1](Inner)))$ und $m_1' \in val(\pi[B](\sigma[F_2](Inner)))$ gilt, muss mithin $m_1, m_1' \in val(\pi[B](\sigma[F_1 \vee F_2](Inner)))$ gelten. Daraus folgt $m_2 = max\{m_1, m_1'\}$ und $t(A) > m_2$, wodurch $t \in val(E_2)$ gilt. Daher ist $val(E_1) \subseteq val(E_2)$ erfüllt.

- $val(E_2) \subseteq val(E_1)$: Angenommen es sei ein Tupel $t \in val(E_2)$ gegeben. So muss $t(A) > m_2$ gelten. Da $m_2 = max\{val(\pi[B](\sigma[F_1 \vee F_2](Inner)))\}$ gilt, muss mithin $m_2 = max\{m_1, m_1'\}$ gelten. Daraus folgt $t(A) > m_1$ und $t(A) > m_1'$ und mithin $t \in val(E_1)$. Somit ist $val(E_2) \subseteq val(E_1)$ erfüllt.

$\square$

Die anderen Fälle von Definition 4.2.1 können analog gezeigt werden.

4.3 Subquery-Eliminierung durch Window Functions

Neben den bereits beschriebenen Transformationen, lassen sich bestimmte Subqueries mit Hilfe von Window Functions in effizientere Queries umschreiben. In der Arbeit von Zuzarte et al. [20] werden diese Umschreibungen direkt auf dem SQL-Quellcode durchgeführt. Daher wird in diesem Abschnitt für das Verfahren eine Äquivalenzregel abgeleitet. Der Query-Typ, der transformiert werden kann, wird von Zuzarte et al. "Subsumed Subquery" genannt. Dies sind Queries bei denen die Outer-Query alle Relationen und Prädikate der Subquery enthält und die Subquery eine Aggregation besitzt. Beispiel 4.3.1 zeigt eine Subsumed Subquery.

Beispiel 4.3.1. Die gegebene Query gibt für jedes Teil den Lieferanten zurück, dessen Lieferkosten geringer sind als die durchschnittlichen Lieferkosten des Teils.

```
SELECT p_name, ps_suppkey, ps_availqty
FROM Part P, PartSupp PS1
WHERE ps_partkey = p_partkey AND ps_supplycost < (
    SELECT AVG(PS2.ps_supplycost)
    FROM PartSupp PS2
    WHERE PS2.ps_partkey = P.p_partkey
)
```

Diese Subquery kann nun in die FROM-Clause "hochgezogen" und die Aggregationsfunktion durch eine Window Function ersetzt werden.

```
SELECT p_name, ps_suppkey, ps_availqty
FROM Part,
(
    SELECT ps_partkey, ps_suppkey, ps_availqty, ps_supplycost, AVG(ps_supplycost)
        OVER(PARTITION BY ps_partkey) AS avg_supplycost
    FROM PartSupp
)
WHERE ps_partkey = p_partkey AND ps_supplycost < avg_supplycost
```

$\diamond$

In Definition 4.3.1 wird die Transformation formal festgehalten.

Definition 4.3.1 (Ersetzung einer Subsumed Subquery durch eine Window Function). *Gegeben sei eine Query, die in der WHERE-Clause eine Subquery enthält. Des Weiteren besitzt die Outer-Query alle Relationen und Prädikate der Subquery. Dabei entspricht $R := R_i \times ... \times R_j$ den Relationen, die ausschließlich in der FROM-Clause der äußeren Query vorkommen. Die Relationen, die in Outer- und Inner-Query vorkommen, seien durch $R' := R_n \times ... \times R_m$ repräsentiert. Als Selektionsbedingung besitzt die äußere Query $F_{Outer\backslash Inner} \wedge F_{Outer \cap Inner} \wedge F_{Join}$. $F_{Outer\backslash Inner}$ entspricht den Bedingungen, die nur in der WHERE-Clause der äußeren Query vorkommen. Hingegen kommen die Bedingungen in $F_{Outer \cap Inner}$ und F_{Join} in der äußeren und inneren Query vor. Dabei stellt F_{Join} die Korrelation zwischen Outer- und Inner-Query her und hat die Form $F_{Join} := (A_1 = B_1) \wedge ... \wedge (A_k = B_k)$, wobei $\{A_1, ..., A_k\} \subseteq attr(R \times R')$ und $G = \{B_1, ..., B_k\} \subseteq attr(R')$ gilt. Neben den eben erwähnten Bedingungen enthält die WHERE-Clause der äußeren Query noch einen Vergleich (mit Operator $\theta \in \{<, \leq, >, \geq, =, \neq\}$) zwischen einem Attribut $A \in attr(R \times R')$ und dem aggregierten Wert der Subquery, der durch die Funktion f berechnet wird. Die beschriebene Query lässt sich nun mit folgender Äquivalenzregel umschreiben:*

$$\pi[L](\sigma[F_{Outer\setminus Inner} \wedge F_{Outer\cap Inner} \wedge F_{Join} \wedge$$
$$A \; \theta \; f(\pi[B](\sigma[F_{Outer\cap Inner} \wedge F_{Join}](R')))](R \times R'))$$
$$\equiv \pi[L](\sigma[F_{Outer\setminus Inner} \wedge A \; \theta \; agg_f](R \bowtie_{F_{Join}}$$
$$\pi[L', agg_f := \omega[G; f(B)](R''')](R'' := \sigma[F_{Outer\cap Inner}](R')).$$

Hinweis: L' enthält A und die in L und Bedingung $F_{Outer\setminus Inner}$ und F_{Join} benötigten Attribute. Des Weiteren ist R''' die umbenannte Relation von R''.

Beispiel 4.3.2. Im Folgenden ist der NF^2-Ausdruck der transformierten Query aus Beispiel 4.3.1 gegeben.

$\pi[\mathrm{p\_name, ps\_suppkey, ps\_availqty}]($
    $\sigma[\mathrm{ps\_supplycost} < \mathrm{avg\_supplycost}]($
        Part
        $\bowtie_{\mathrm{p\_partkey=ps\_partkey}}$
        $\pi[\mathrm{ps\_partkey, ps\_suppkey, ps\_availqty, ps\_supplycost,}$
            $\mathrm{avg\_supplycost} := \omega[\mathrm{ps\_partkey; AVG(ps\_supplycost)}](\mathrm{PartSupp'})]($
            PartSupp)))

$\diamond$

5. Neue Optimierungsmöglichkeiten durch die NF²-Algebra

Im vorherigen Kapitel wurde aufgezeigt, wie vorhandene Nested Query Optimierungstechniken durch NF²-Äquivalenzregeln repräsentiert werden können. Darüber hinaus bietet die NF²-Algebra weitere Optimierungsmöglichkeiten, die von aktuellen Verfahren nicht abgedeckt werden. Daher werden in diesem Kapitel anhand von Beispielen die neuen Möglichkeiten veranschaulicht. Neben NF²-Regeln verwenden einige dieser Transformationen Äquivalenzregeln aus der klassischen relationalen Algebra. Die zur Transformation eingesetzten Regeln werden zu Beginn dieses Kapitels in Abschnitt 5.1 dargelegt.

5.1 Zur Optimierung benötigte (NF²-)Regeln

Alleine durch die NF²-Darstellung von Nested Queries und durch die Verwendung von Regeln der flachen relationalen Algebra, lassen sich schon zahlreiche Optimierungen durchführen wie z.B. die Eliminierung von redundanten Gruppierungen. Die in diesem Kapitel verwendeten Regeln werden in diesem Abschnitt aufgelistet.

An bestimmten Stellen des Transformationsprozesses eines NF²-Ausdruckes ist es nötig, eine Projektion oder Selektion außerhalb eines Joins bzw. Kreuzproduktes zu ziehen. Dies wird durch die Regeln 5.1, 5.2 und 5.3 der 1NF-Algebra ermöglicht.

$$\pi[L_1](R) \times \pi[L_2](S) \equiv \pi[L_1, L_2](R \times S) \tag{5.1}$$

$$\pi[L_1](R) \bowtie_F \pi[L_2](S) \equiv \pi[L_1, L_2](R \bowtie_F S) \tag{5.2}$$

$$R \bowtie_{F_1} \sigma[F_2](S) \equiv \sigma[F_2](R \bowtie_{F_1} S) \tag{5.3}$$

Mit Äquivalenzregel 5.4 lassen sich redundante Tabellenzugriffe eliminieren, wodurch ein effizienterer Algebra-Ausdruck entsteht.

$$R \bowtie R \equiv R \tag{5.4}$$

Unter bestimmten Umständen ist es auch möglich einen Equi-Join direkt zu eliminieren, was in der nächsten Äquivalenzregel festgehalten wird.

Eliminierung eines Equi-Joins. *Gegeben sei eine Relation R, die atomaren Attribute $A_1, .., A_n \in attr(R)$ und eine Projektionsliste $L \subseteq attr(R)$. Des Weiteren sei $R' := \pi[L'](R)$ mit $L' = \{A'|A \in attr(R)\}$ gegeben, so gilt:*

$$\pi[L](R \bowtie_{A_1 = A_1' \wedge ... \wedge A_n = A_n'} R') \equiv \pi[L](R). \tag{5.5}$$

Da L nur Attribute von R enthält und beim Equi-Join zwischen R und R' (R' ist das umbenannte R) alle Tupel aus R erhalten bleiben, kann der Join eliminiert werden. Das gleiche Argument kann bei der Eliminierung des Kreuzproduktes verwendet werden.

Eliminierung eines Kreuzproduktes. *Gegeben sei eine Relation R und eine Projektionsliste $L \subseteq attr(R)$. Des Weiteren sei $R' := \pi[L'](R)$ mit $L' = \{A'|A \in attr(R)\}$ gegeben, so gilt:*

$$\pi[L](R \times R') \equiv \pi[L](R). \tag{5.6}$$

Die nächste Regel beschreibt wie ein Group-By auf der logischen Ebene in ein sogenanntes "bedingtes Group-By", wie es auch schon in Kapitel 3 eingeführt wurde, transformiert werden kann. Die Idee dahinter besteht darin, dass bei einer normalen Gruppierung, die als Input eine Selektion besitzt, diese Selektion entfernt werden kann, aber bei der Berechnung des Aggregationswertes einer Gruppe erhalten bleibt. Um die Korrektheit des Ergebnisses zu bewahren, müssen nach der Gruppierung diejenigen Gruppen entfernt werden, bei denen der Aggregationswert 0 (im Fall von COUNT) bzw. NULL (im Fall aller anderen Funktionen) ist. Der Aggregationswert ist nur 0 bzw. NULL wenn kein Tupel der Gruppe die Selektionsbedingung erfüllt. Bei der ursprünglichen Gruppierung würde solch eine Gruppe nicht auftreten, da die entsprechenden Tupel, die die Selektionsbedingung nicht erfüllen auch nicht im Input der Gruppierung enthalten sind. Daher werden diese Gruppen im transformierten Ausdruck eliminiert.

Ersetzung von Group-By durch bedingtes Group-By. *Gegeben sei eine Relation R, ein Attribut $A \in attr(R)$, eine Aggregationsfunktion f und eine Bedingung F. Des Weiteren sei c eine Konstante. Entspricht f der COUNT-Funktion, so ist $c = 0$. Ansonsten gilt $c = \omega$ (ω repräsentiert NULL). Es gilt folgende Äquivalenz:*

$$\pi[A, agg_f := f(G)](\pi[A, G := \sigma[A' = A](\sigma[F'](R'))](\sigma[F](R)))$$
$$\equiv \sigma[agg_f \neq c](\pi[A, agg_f := f(G)](\pi[A, G := \sigma[A' = A](\sigma[F'](R'))](R))). \tag{5.7}$$

Im Folgenden wird die Korrektheit der Regel 5.7 bewiesen.

Beweis. Es seien die Ausdrücke

$$E_1 := \pi[A, agg_f := f(G)](\pi[A, G := \sigma[A' = A](\sigma[F'](R'))](\sigma[F](R)))$$
$$\text{und} \quad E_2 := \sigma[agg_f \neq c](\pi[A, agg_f := f(G)](\pi[A, G := \sigma[A' = A](\sigma[F'](R'))](R)))$$

gegeben. Damit $E_1 \equiv E_2$ gilt, muss $sch(E_1) = sch(E_2)$ und $val(E_1) = val(E_2)$ gelten. Im Vergleich zu E_1 wird bei E_2 als letztes eine Selektion ausgeführt, bei der das Schema nicht verändert wird. Daher gilt $sch(E_1) = sch(E_2)$. Nun muss noch $val(E_1) = val(E_2)$ gezeigt werden.

- $val(E_1) \subseteq val(E_2)$: Angenommen es sei ein Tupel $t \in val(E_1)$ gegeben. So existiert mindestens ein Tupel $t' \in val(\sigma[F](R))$ mit $t(A) = t'(A)$. Der Tupel t' kommt somit auch in $t(G)$ vor (jedoch mit umbenannten Attributen). Daraus folgt, dass $t(agg_f) \neq 0$ (bzw. $t(agg_f) \neq \omega$) gilt, womit auch $t \in val(E_2)$ gilt.

- $val(E_2) \subseteq val(E_1)$: Angenommen es sei ein Tupel $t \in val(E_2)$ gegeben. So gilt $t(agg_f) \neq 0$ (bzw. $t(agg_f) \neq \omega$). Mithin existiert ein Tupel $t' \in val(R)$ mit $t'(A) = t(A)$, welches in $t(G)$ enthalten ist (jedoch mit umbenannten Attributen) und die Bedingung F' erfüllt. Daraus folgt $t' \in val(\sigma[F](R))$. Somit gilt $t \in val(E_1)$.

$\square$

Zuletzt werden noch zur Optimierung der Queries in diesem Kapitel zwei NF²-Regeln benötigt. Regel 5.8 aus der Arbeit von Scholl [18] fasst zwei Projektionen zusammen. Bei Regel 5.9 werden zwei redundante NF²-Ausdrücke in der Projektionsliste in eine neue Projektion ausgelagert, so dass die äußere Projektion den Ausdruck nicht zwei mal evaluiert, sondern nur auf das neu entstandene Attribut zugreifen muss.

$$\pi[L, \langle op \rangle(E)](\pi[L, E := \langle expr \rangle](R))$$
$$\equiv \pi[L, E := \langle op \rangle(\langle expr \rangle)](R) \tag{5.8}$$

$$\pi[L, \langle op_1 \rangle(\langle expr \rangle), \langle op_2 \rangle(\langle expr \rangle)](R)$$
$$\equiv \pi[L, \langle op_1 \rangle(E), \langle op_2 \rangle(E)](\pi[L, E := \langle expr \rangle](R)) \tag{5.9}$$

5.2   Beispiele für neue Optimierungsmöglichkeiten

Nachdem alle benötigten Regeln im vorherigen Abschnitt aufgelistet wurden, können nun die Beispiel-Queries und deren Optimierung vorgestellt werden.

Query mit redundantem Tabellenzugriff in der FROM-Clause

Die erste in diesem Abschnitt behandelte Query enthält zwei Subqueries in der FROM-Clause, die jeweils auf die gleiche Tabelle zugreifen, aber verschiedene Aggregationsfunktionen berechnen. Ziel der Optimierung ist es, den redundanten Tabellenzugriff zu eliminieren. Dazu wird zuerst die Query vorgestellt und der dazu äquivalente NF²-Ausdruck angegeben.

Beschreibung der Query: *"Preis der günstigsten und teuersten Bestellung."* (Ausgabe: Preis der günstigsten und teuersten Bestellung)

```
SELECT min_price, max_price
FROM (SELECT MIN(o_totalprice) AS min_price
      FROM Orders) O1,
     (SELECT MAX(o_totalprice) AS max_price
      FROM Orders) O2
```

Äquivalenter NF²-Ausdruck:

$$\pi[\text{min\_price} := \text{MIN}(\pi[\text{o\_totalprice}](\text{Orders}))](\text{Orders})$$
$$\times \pi[\text{max\_price} := \text{MAX}(\pi[\text{o\_totalprice}](\text{Orders}))](\text{Orders}).$$

Als erstes werden die beiden Projektionen zusammengefasst und das Kreuzprodukt in die neu entstandene Projektion gezogen. Dies wird durch die Anwendung von Regel 5.1 ermöglicht.

$$\overset{(5.1)}{\equiv} \pi[\text{min\_price} := \text{MIN}(\pi[\text{o\_totalprice}](\text{Orders})),$$
$$\text{max\_price} := \text{MAX}(\pi[\text{o\_totalprice}](\text{Orders}))](\text{Orders} \times \text{Orders'})$$

Es sei angemerkt, dass eine Orders-Tabelle zu Orders' umbenannt werden musste (was impliziert, dass auch die einzelnen Attribute umbenannt wurden), da beim Kreuzprodukt die Disjunktheit der Attributmengen der beteiligten Relationen gefordert wird. Als finalen Schritt wird mit Regel 5.6 das Kreuzprodukt entfernt.

$$\overset{(5.6)}{\equiv} \pi[\text{min\_price} := \text{MIN}(\pi[\text{o\_totalprice}](\text{Orders})),$$
$$\text{max\_price} := \text{MAX}(\pi[\text{o\_totalprice}](\text{Orders}))](\text{Orders})$$

Das zum optimierten NF²-Ausdruck äquivalente SQL-Statement ist im Folgenden dargestellt.

```
SELECT min_price, max_price
FROM (SELECT MIN(o_totalprice) AS min_price, MAX(o_totalprice) AS max_price
      FROM Orders) O1
```

Query mit redundanter Gruppierung in der FROM-Clause

Die nächste Query ist eine Erweiterung der vorherigen Query, bei der zusätzlich in den Subqueries eine Gruppierung ausgeführt wird. Auch hier ist das Ziel die Entfernung des redundanten Tabellenzugriffs bzw. die Entfernung der redundanten Gruppierung.

Beschreibung der Query: *"Preis der günstigsten und teuersten Bestellung jedes Kunden."* (Ausgabe: Kundennummer, maximaler und minimaler Preis einer Bestellung des Kundens)

```
SELECT O1.o_custkey, max_price, min_price
FROM (SELECT o_custkey, MAX(o_totalprice) AS max_price
      FROM Orders
      GROUP BY o_custkey) O1,
     (SELECT o_custkey, MIN(o_totalprice) AS min_price
      FROM Orders
      GROUP BY o_custkey) O2
WHERE O1.o_custkey = O2.o_custkey
```

Im Folgenden ist der zur Query äquivalente NF^2-Ausdruck zu sehen. Die Orders-Tabelle wird hier mit O abgekürzt. Für den Equi-Join wird zusätzlich bei der zweiten logischen Gruppierung das Attribut o_custkey zu o_custkey" umbenannt.

$$\pi[\text{o\_custkey, max\_price, min\_price}]($$
$$\pi[\text{o\_custkey}, \text{max\_price} := \text{MAX}(\pi[\text{o\_totalprice'}](G))]($$
$$\pi[\text{o\_custkey}, G := \sigma[\text{o\_custkey'} = \text{o\_custkey}](O')](O))$$
$$\bowtie_{\text{o\_custkey=o\_custkey"}}$$
$$\pi[\text{o\_custkey''} := \text{o\_custkey}, \text{min\_price} := \text{MIN}(\pi[\text{o\_totalprice'}](G))]($$
$$\pi[\text{o\_custkey}, G := \sigma[\text{o\_custkey'} = \text{o\_custkey}](O')](O)))$$

Der erste Transformationsschritt besteht darin, dass zuerst bei jeder der beiden logischen Gruppierungen, die Projektionen mit Regel 5.8 zusammengefasst werden. Es sei angemerkt, dass in der späteren Implementierung dieser Schritt nicht nötig ist, da sich die Query schon zu Beginn im Format des unteren Ausdruckes befindet (Details zur Implementierung werden in Kapitel 6 behandelt). Um aber die Definition des logischen Group-By/Aggregate Operators in Kapitel 3 kürzer und übersichtlicher zu gestalten, wird im theoretischen Teil die Gruppierung und die Berechnung der Aggregationswerte durch zwei

Projektionen voneinander getrennt und nicht in einer Projektion kombiniert.

$$\overset{(5.8)}{\equiv} \pi[o\_custkey, max\_price, min\_price]($$
$$\pi[o\_custkey, max\_price :=$$
$$MAX(\pi[o\_totalprice'](\sigma[o\_custkey' = o\_custkey](O')))](O)$$
$$\bowtie_{o\_custkey=o\_custkey''}$$
$$\pi[o\_custkey'' := o\_custkey, min\_price :=$$
$$MIN(\pi[o\_totalprice'](\sigma[o\_custkey' = o\_custkey](O')))](O))$$

Mit Regel 5.2 werden die beiden Projektionen aus dem Equi-Join gezogen und miteinander kombiniert. Auch hier muss für den Equi-Join zwischen den beiden Orders-Tabellen eine Relation umbenannt werden. Dies ist nötig, da der Equi-Join nur ein abgeleiteter Operator ist, der auf dem Kreuzprodukt und einer Selektion basiert, und wie bereits erwähnt beim Kreuzprodukt die Disjunktheit der Attributmengen der beteiligten Relationen gefordert wird.

$$\overset{(5.2)}{\equiv} \pi[o\_custkey, max\_price, min\_price]($$
$$\pi[o\_custkey,$$
$$max\_price := MAX(\pi[o\_totalprice'](\sigma[o\_custkey' = o\_custkey](O'))),$$
$$min\_price := MIN(\pi[o\_totalprice'](\sigma[o\_custkey' = o\_custkey](O')))](\,$$
$$O \bowtie_{o\_custkey=o\_custkey''} O''))$$

Nach der vorherigen Umschreibung werden nun die beiden Orders-Tabellen direkt miteinander gejoint, so dass Regel 5.5 angewendet werden kann, um den Join zu eliminieren.

$$\overset{(5.5)}{\equiv} \pi[o\_custkey, max\_price, min\_price]($$
$$\pi[o\_custkey,$$
$$max\_price := MAX(\pi[o\_totalprice'](\sigma[o\_custkey' = o\_custkey](O'))),$$
$$min\_price := MIN(\pi[o\_totalprice'](\sigma[o\_custkey' = o\_custkey](O')))](O))$$

Als nächstes wird mit Regel 5.9 die Gruppierung wieder in eine extra Projektion ausgelagert. Auch dieser Schritt wird nicht in der späteren Implementierung durchgeführt. In der Theorie ist er nur nötig, um den logischen Ausdruck auf den physikalischen Group-By/Aggregate Operator γ, wie er in Definition 3.1.3 in Kapitel 3 eingeführt wurde, abzubilden. Dieses Mapping auf den physikalischen Operator wird am Ende durchgeführt, um die Ähnlichkeit zum äquivalenten SQL-Statement hervorzuheben. Des Weiteren kann noch die äußerste Projektion entfernt werden, da der innere Ausdruck das selbe Schema besitzt.

$$\overset{(5.9)}{\equiv} \pi[o\_custkey, max\_price := MAX(\pi[o\_totalprice'](G)),$$
$$min\_price := MIN(\pi[o\_totalprice'](G)](\,$$
$$\pi[o\_custkey, G := \sigma[o\_custkey' = o\_custkey](O')](O)$$

$$\overset{(3.1.3)}{\equiv} \gamma[\text{o\_custkey}; \text{max\_price} := \text{MAX}(\text{o\_totalprice}),$$
$$\text{min\_price} := \text{MIN}(\text{o\_totalprice})](\text{O})$$

Das zum optimierten Ausdruck äquivalente SQL-Statement enthält nur noch eine Subquery bei der in einer Gruppierung beide Aggregationsfunktionen berechnet werden.

```
SELECT o_custkey, max_price, min_price
FROM (SELECT o_custkey, MAX(o_totalprice) AS max_price,
                        MIN(o_totalprice) AS min_price
      FROM Orders
      GROUP BY o_custkey) O1
```

Query mit redundanter Gruppierung in der FROM-Clause mit unterschiedlichen Prädikaten

Die nächste Query besitzt wie die Query davor eine redundante Gruppierung in der FROM-Clause. Allerdings hat eine der beiden Subqueries ein zusätzliches Prädikat in der WHERE-Clause.

Beschreibung der Query: *"Für jeden Kunden der Anteil der dringenden Bestellungen im Bezug zur Gesamtanzahl seiner Bestellungen."* (Ausgabe: Kundennummer und Verhältnis zwischen Anzahl dringender Bestellungen zu Gesamtanzahl der Bestellungen eines Kunden)

```
SELECT O1.o_custkey, nrUrgentOrders/nrOrders AS ratio
FROM (SELECT o_custkey, COUNT(*) AS nrOrders
      FROM Orders
      GROUP BY o_custkey) O1,
     (SELECT o_custkey, COUNT(*) AS nrUrgentOrders
      FROM Orders
      WHERE o_orderpriority = '1-URGENT'
      GROUP BY o_custkey) O2
WHERE O1.o_custkey = O2.o_custkey
```

Die Funktion "DIV" im unten stehenden äquivalenten NF^2-Ausdruck führt eine Division zwischen den übergebenen Werten aus.

$$\pi[\text{o\_custkey}, \text{ratio} := \text{DIV}(\text{nrUrgentOrders}, \text{nrOrders})](
$$
$$\pi[\text{o\_custkey}, \text{nrOrders} := \text{COUNT}(G)](
$$
$$\pi[\text{o\_custkey}, G := \sigma[\text{o\_custkey'} = \text{o\_custkey}](\text{O'})](\text{O}))
$$
$$\bowtie_{\text{o\_custkey}=\text{o\_custkey''}}$$

$$\pi[\text{o\_custkey}" := \text{o\_custkey}, \text{nrUrgentOrders} := \text{COUNT(G)}]($$
$$\quad \pi[\text{o\_custkey},$$
$$\quad\quad G := \sigma[\text{o\_custkey}' = \text{o\_custkey}](\sigma[\text{o\_orderpriority}' = \text{`1-URGENT'}](O'))]($$
$$\quad\quad \sigma[\text{o\_orderpriority} = \text{`1-URGENT'}](O))))$$

Um den redundanten Tabellenzugriff zu eliminieren, muss zuerst die Selektion in der zweiten logischen Gruppierung entfernt werden. Dazu wird Regel 5.7 angewendet. Bei dieser Regel wird die Selektion im Input der Gruppierung verworfen, aber in der Berechnung des Aggregationswertes erhalten. Daher muss zusätzlich nach der Gruppierung eine weitere Selektion eingeführt werden, die abfragt ob die COUNT-Funktion für eine Gruppe den Wert 0 zurückliefert. Eine Gruppe mit dem Wert 0 wird aus dem Ergebnis entfernt, da im ursprünglichen Ausdruck diese Gruppe nicht auftreten würde, da die entsprechenden Tupel durch die Selektion im Input schon vor der Gruppierung verworfen werden.

$$\overset{(5.7)}{=} \pi[\text{o\_custkey}, \text{ratio} := \text{DIV(nrUrgentOrders, nrOrders)}]($$
$$\quad \pi[\text{o\_custkey}, \text{nrOrders} := \text{COUNT(G)}]($$
$$\quad\quad \pi[\text{o\_custkey}, G := \sigma[\text{o\_custkey}' = \text{o\_custkey}](O')](O))$$

$$\quad \bowtie_{\text{o\_custkey}=\text{o\_custkey}"}$$

$$\quad \sigma[\text{nrUrgentOrders} \neq 0]($$
$$\quad\quad \pi[\text{o\_custkey}" := \text{o\_custkey}, \text{nrUrgentOrders} := \text{COUNT(G)}]($$
$$\quad\quad\quad \pi[\text{o\_custkey}, G := \sigma[\text{o\_custkey}' = \text{o\_custkey}]($$
$$\quad\quad\quad\quad \sigma[\text{o\_orderpriority}' = \text{`1-URGENT'}](O'))](O))))$$

Um wie bei der vorherigen Query die redundante Gruppierung eliminieren zu können, muss zuerst mit Regel 5.3 die Selektion aus dem Join gezogen werden.

$$\overset{(5.3)}{=} \pi[\text{o\_custkey}, \text{ratio} := \text{DIV(nrUrgentOrders, nrOrders)}]($$
$$\quad \sigma[\text{nrUrgentOrders} \neq 0]($$
$$\quad\quad \pi[\text{o\_custkey}, \text{nrOrders} := \text{COUNT(G)}]($$
$$\quad\quad\quad \pi[\text{o\_custkey}, G := \sigma[\text{o\_custkey}' = \text{o\_custkey}](O')](O))$$

$$\quad\quad \bowtie_{\text{o\_custkey}=\text{o\_custkey}"}$$

$$\quad\quad \pi[\text{o\_custkey}" := \text{o\_custkey}, \text{nrUrgentOrders} := \text{COUNT(G)}]($$
$$\quad\quad\quad \pi[\text{o\_custkey}, G := \sigma[\text{o\_custkey}' = \text{o\_custkey}]($$
$$\quad\quad\quad\quad \sigma[\text{o\_orderpriority}' = \text{`1-URGENT'}](O'))](O))))$$

Nun kann wie im vorherigen Beispiel die redundante Gruppierung entfernt werden. Der Kürze halber wird auf die einzelnen Schritte jedoch verzichtet. Das Ergebnis nach Anwendung der benötigten Regeln sieht wie folgt aus:

$$\equiv \pi[\text{o\_custkey}, \text{ratio} := \text{DIV}(\text{nrUrgentOrders}, \text{nrOrders})](
$$
$$\sigma[\text{nrUrgentOrders} \neq 0](
$$
$$\pi[\text{o\_custkey}, \text{nrOrders} := \text{COUNT}(\sigma[\text{o\_custkey'} = \text{o\_custkey}](\text{O'})),
$$
$$\text{nrUrgentOrders} := \text{COUNT}(\sigma[\text{o\_custkey'} = \text{o\_custkey}](
$$
$$\sigma[\text{o\_orderpriority'} = \text{'1-URGENT'}](\text{O'})))](\text{O}))).
$$

Um den logischen Ausdruck auf den bedingten physikalischen Group-By/Aggregte-Operator aus Kapitel 3 abzubilden, muss Regel 5.9 angewendet werden.

$$\overset{(5.9)}{\equiv} \pi[\text{o\_custkey}, \text{ratio} := \text{DIV}(\text{nrUrgentOrders}, \text{nrOrders})](
$$
$$\sigma[\text{nrUrgentOrders} \neq 0](
$$
$$\pi[\text{o\_custkey}, \text{nrOrders} := \text{COUNT}(G),
$$
$$\text{nrUrgentOrders} := \text{COUNT}(\sigma[\text{o\_orderpriority'} = \text{'1-URGENT'}](G))](
$$
$$\pi[\text{o\_custkey}, G := \sigma[\text{o\_custkey'} = \text{o\_custkey}](\text{O'})](\text{O}))))
$$

Das "TRUE" in γ^* bedeutet, dass die COUNT-Funktion auf alle Tupel der Gruppe angewendet wird.

$$\overset{(3.1.4)}{\equiv} \pi[\text{o\_custkey}, \text{ratio} := \text{DIV}(\text{nrUrgentOrders}, \text{nrOrders})](
$$
$$\gamma^*[\text{o\_custkey}; (\text{COUNT(*)}, \text{TRUE}),
$$
$$(\text{COUNT(*)}, \text{o\_orderpriority'} = \text{'1-URGENT'})](\text{O}))
$$

Der bedingte Group-By/Aggregate Operator wird in SQL durch das CASE-Statement repräsentiert.

```
SELECT o_custkey, nrUrgentOrders/nrOrders AS ratio
FROM (SELECT o_custkey, COUNT(*) AS nrOrders,
      COUNT(CASE WHEN o_orderpriority = '1-URGENT' THEN 1 END)
      AS nrUrgentOrders
      FROM Orders
      GROUP BY o_custkey) O1
WHERE nrUrgentOrders <> 0
```

Query mit redundanten Subqueries unterschiedlichen Typs und unterschiedlicher Prädikate in der WHERE-Clause

An diesem Beispiel wird demonstriert, wie die vorherige Optimierung auch auf eine Query angewendet werden kann, bei der eventuell auf den ersten Blick die Optimierungsmöglichkeit nicht ersichtlich ist. Die dafür eingesetzte Query hat zwei Subqueries in der

WHERE-Clause, die jeweils mit der äußeren Query korreliert sind, eine Aggregationsfunktion berechnen und auf die gleichen Relationen zugreifen.

Beschreibung der Query: "*Teile, die günstiger als der Durchschnitt der Teile des gleichen Typs von Marke 'Brand#13' und die größer sind als der Durchschnitt der Teile des gleichen Typs von Marke 'Brand#14'.*" (Ausgabe: Name des Teils)

```
SELECT P1.p_name
FROM Part P1
WHERE P1.p_retailprice < (
    SELECT AVG(P2.p_retailprice)
    FROM Part P2
    WHERE P2.p_type = P1.p_type AND P2.p_brand = 'Brand#13'
) AND P1.p_size > (
    SELECT AVG(P2.p_size)
    FROM Part P2
    WHERE P2.p_type = P1.p_type AND P2.p_brand = 'Brand#14'
)
```

Zum SQL-Statement äquivalenter NF²-Ausdruck:

$$\pi[\text{p\_name}](\sigma[\text{p\_retailprice} < \text{AVG}(\pi[\text{p\_retailprice'}]($$
$$\sigma[\text{p\_type'} = \text{p\_type}](\sigma[\text{p\_brand'} = \text{'Brand\#13'}](\text{Part})))))]($$
$$\sigma[\text{p\_size} > \text{AVG}(\pi[\text{p\_size'}]($$
$$\sigma[\text{p\_type'} = \text{p\_type}](\sigma[\text{p\_brand'} = \text{'Brand\#14'}](\text{Part})))))](\text{Part}))).$$

Auf den gegebenen Ausdruck kann die Äquivalenzregel zur Entnestung einer Typ-JA Query aus Definition 4.1.2 aus Kapitel 4 angewendet werden. Zuerst wird die Regel zur Entnestung auf die innere Selektion angewendet.

$$\overset{(4.1.2)}{\equiv} \pi[\text{p\_name}](\sigma[\text{p\_retailprice} < \text{AVG}(\pi[\text{p\_retailprice'}]($$
$$\sigma[\text{p\_type'} = \text{p\_type}](\sigma[\text{p\_brand'} = \text{'Brand\#13'}](\text{Part})))))]($$
$$\pi[attr(\text{Part})](\sigma[\text{p\_size} > \text{avg\_size}](\text{Part} \bowtie_{\text{p\_type}=\text{p\_type'}}$$
$$\gamma[\text{p\_type'}; \text{avg\_size} := \text{AVG}(\text{p\_size'})]($$
$$\sigma[\text{p\_brand'} = \text{'Brand\#14'}](\text{Part})))))))$$

Danach wird die selbe Äquivalenzregel auf die äußere Selektion angewendet.

$$\overset{(4.1.2)}{\equiv} \pi[\text{p\_name}](\pi[attr(\text{Part})](\sigma[\text{p\_retailprice} < \text{avg\_price}]($$
$$\pi[attr(\text{Part})](\sigma[\text{p\_size} > \text{avg\_size}](\text{Part} \bowtie_{\text{p\_type}=\text{p\_type'}}$$
$$\gamma[\text{p\_type'}; \text{avg\_size} := \text{AVG}(\text{p\_size'})]($$
$$\sigma[\text{p\_brand'} = \text{'Brand\#14'}](\text{Part}))))$$
$$\bowtie_{\text{p\_type}=\text{p\_type'}}$$

$$\gamma[\text{p\_type'}; \text{avg\_price} := \text{AVG}(\text{p\_retailprice'})]($$
$$\sigma[\text{p\_brand'} = \text{'Brand}\#13\text{'}](\text{Part'}))))$$

Nach der zweimaligen Entnestung entstehen zwei Gruppierungen, die auf die gleichen Relationen zugreifen und miteinander gejoint werden. Daraus wird ersichtlich, dass nun die Regeln zur Entfernung der redundanten Gruppierung eingesetzt werden können. Doch zuerst muss der Ausdruck mit flachen Algebra-Regeln umgeformt werden, damit die beiden Gruppierungen direkt beieinander stehen. Die einzelnen Schritte werden jedoch der Kürze und Übersichtlichkeit halber an dieser Stelle nicht aufgezeigt. Es sei zusätzlich angemerkt, dass ebenfalls aus Gründen der Übersichtlichkeit anstatt der logischen Repräsentation direkt der physikalische Operator γ für die Darstellung der Gruppierung verwendet wird (so wie es auch in der Regel zur Entnestung definiert ist). Zur Eliminierung der redundanten Gruppierung müsste aber natürlich der logische Ausdruck verwendet werden.

$$\equiv \pi[\text{p\_name}](\sigma[\text{p\_retailprice} < \text{avg\_price}]($$
$$\pi[attr(\text{Part}), \text{avg\_price}](\sigma[\text{p\_size} > \text{avg\_size}](\text{Part} \bowtie_{\text{p\_type=p\_type'}}$$
$$(\gamma[\text{p\_type'}; \text{avg\_size} := \text{AVG}(\text{p\_size'})]($$
$$\sigma[\text{p\_brand'} = \text{'Brand}\#14\text{'}](\text{Part'}))$$
$$\bowtie$$
$$\gamma[\text{p\_type'}; \text{avg\_price} := \text{AVG}(\text{p\_retailprice'})]($$
$$\sigma[\text{p\_brand'} = \text{'Brand}\#13\text{'}](\text{Part'}))))))$$

Als Ergebnisausdruck wird auch direkt der bedingte physikalische Group-By/Aggregate-Operator angegeben.

$$\equiv \pi[\text{p\_name}](\sigma[\text{p\_retailprice} < \text{avg\_price}]($$
$$\pi[attr(\text{Part}), \text{avg\_price}](\sigma[\text{p\_size} > \text{avg\_size}](\text{Part} \bowtie_{\text{p\_type=p\_type'}}$$
$$\gamma^*[\text{p\_type'}; \text{avg\_size} := (\text{AVG}(\text{p\_size'}), \text{p\_brand'} = \text{'Brand}\#14\text{'}),$$
$$\text{avg\_price} := (\text{AVG}(\text{p\_retailprice'}), \text{p\_brand'} = \text{'Brand}\#13\text{'})](\text{Part'}))))$$

In einem letzten Schritt wird der vorherige Ausdruck noch weiter mit flachen Regeln umgeformt, um wieder die Ähnlichkeit zum äquivalenten SQL-Statement besser verdeutlichen zu können.

$$\equiv \pi[\text{p\_name}](\sigma[\text{p\_retailprice} < \text{avg\_price} \wedge \text{p\_size} > \text{avg\_size}]($$
$$\text{Part} \bowtie_{\text{p\_type=p\_type'}}$$
$$\gamma^*[\text{p\_type'}; \text{avg\_size} := (\text{AVG}(\text{p\_size'}), \text{p\_brand'} = \text{'Brand}\#14\text{'}),$$
$$\text{avg\_price} := (\text{AVG}(\text{p\_retailprice'}), \text{p\_brand'} = \text{'Brand}\#13\text{'})](\text{Part'})))$$

Im Folgenden ist das zum optimierten Ausdruck äquivalente SQL-Statement einzusehen.

```
SELECT p_name
FROM Part P1,
```

```
(SELECT p_type,
  AVG(CASE WHEN p_brand = 'Brand#14' THEN p_size END) AS avg_size
  AVG(CASE WHEN p_brand = 'Brand#13' THEN p_retailprice END) AS avg_price
  FROM Part
  GROUP BY p_type) P2
WHERE P1.p_type = P2.p_type AND p_retailprice < avg_price AND p_size > avg_size
  AND avg_size IS NOT NULL AND avg_price IS NOT NULL
```

Query mit redundanter Gruppierung in der SELECT-Clause

Das letzte Beispiel in diesem Kapitel zeigt, wie eine korrelierte Subquery in der SELECT-Clause eliminert werden kann.

Beschreibung der Query: *"Die Anzahl und der Durchschnittspreis der Teile pro Teile-Typ."*
(Ausgabe: Typ des Teils, Durchschnittspreis und Anzahl der Teile)

```
SELECT p_type, AVG(p_retailprice),
(SELECT COUNT(*) FROM Part P2 WHERE P2.p_type = P1.p_type)
FROM Part P1
GROUP BY p_type
```

Zum SQL-Statement äquivalenter NF²-Ausdruck:

$$\pi[\text{p\_type}, \text{AVG}(\pi[\text{p\_retailprice'}](G)), \text{COUNT}(\sigma[\text{p\_type'} = \text{p\_type}](P'))](($$
$$\pi[\text{p\_type}, G := \sigma[\text{p\_type'} = \text{p\_type}](P')](P)).$$

Durch Regel 5.8 werden die beiden Projektionen kombiniert, in dem die Gruppierung direkt im Input der Aggregationsfunktion ausgeführt wird.

$$\stackrel{(5.8)}{\equiv} \pi[\text{p\_type}, \text{AVG}(\pi[\text{p\_retailprice'}](\sigma[\text{p\_type'} = \text{p\_type}](P'))),$$
$$\text{COUNT}(\sigma[\text{p\_type'} = \text{p\_type}](P'))](P)$$

Danach werden mit Regel 5.9 die redundanten Gruppierungen innerhalb der Aggregationsfunktionen wieder in eine extra Projektion ausgelagert, wodurch der entstehende Ausdruck wieder auf den physikalischen Group-By/Aggregate Operator abgebildet werden kann.

$$\stackrel{(5.9)}{\equiv} \pi[\text{p\_type}, \text{AVG}(\pi[\text{p\_retailprice'}](G)), \text{COUNT}(G)](($$
$$\pi[\text{p\_type}, G := \sigma[\text{p\_type'} = \text{p\_type}](P')](P))$$

$$\stackrel{(3.1.3)}{\equiv} \gamma[\text{p\_type}; \text{AVG}(\text{p\_retailprice}), \text{COUNT}(*)](P)$$

Das äquivalente SQL-Statement entspricht nur noch einer einfachen Gruppierung.

```
SELECT p_type, AVG(p_retailprice), COUNT(*)
FROM Part
GROUP BY p_type
```

6. Implementierung des NF^2-Ansatzes

In den vorausgehenden Kapiteln wurde die Theorie zur Optimierung von Nested Queries mit Hilfe der NF^2-Algebra eingeführt. Um die praktische Anwendbarkeit zu demonstrieren, wird in diesem Kapitel erläutert, wie der theoretische Ansatz in einem Optimizer, der auf dem Cascades Framework basiert, implementiert wurde. Der Optimizer, der in dieser Arbeit erweitert wurde, ist Teil des zu Lehr- und Forschungszwecken entwickelten Single-User Datenbanksystem Minibase, welches an der Universität Konstanz momentan stetig weiterentwickelt wird. Die erste Version von Minibase wurde von Raghu Ramakrishnan für die praktischen Übungen seines Buches "Database Management Systems" [15] entwickelt. Dieses Kapitel ist so aufgebaut, dass zuerst das Cascades Framework vorgestellt und danach auf die durchgeführten Erweiterung des Optimizers eingegangen wird.

6.1 Cascades Framework

Das Cascades Framework von Graefe [9] definiert eine flexible und modulare Architektur eines Query Optimizers. Das Cascades Framework ermöglicht es, einfach neue Transformationsregeln oder Operatoren zum Optimizer hinzufügen zu können. Jedoch entspricht die Implementierung in Minibase nicht exakt der Definition von Graefe. Daher können in diesem Abschnitt leichte Abweichungen zur Theorie von Graefe auftreten, da sich hier die Einführung von Cascades an der Implementierung in Minibase orientiert.

Beim Cascades Framework wird der Suchraum in einer Top-Down Richtung exploriert, d.h. zu Beginn wird mit dem ganzen Query-Ausdruck begonnen, und der Optimierungsprozess jeweils für die Inputs der Ausdrücke wiederholt. Die dazu benötigten Optimierungsschritte werden durch sogenannte "Tasks" repräsentiert. Abgearbeitet werden die Tasks in einem Stack. Tasks können dabei selbst wieder neue Tasks auf den Stack legen. Sobald der Stack leer ist, ist die Optimierung abgeschlossen. In Cascades existieren verschiedene Typen von Tasks. Doch an dieser Stelle wird nicht detailliert auf jede einzelne Task eingegangen, sondern nur grob die Funktionsweise skizziert, da bei der NF^2-Erweiterung kaum Änderungen an der Abarbeitungslogik durchgeführt wurden, und daher eine ausführliche Auseinandersetzung mit den einzelnen Tasks nicht nötig ist. Logisch und physikalisch äquivalente Ausdrücke werden zusammen in einer Gruppe festgehalten. Beim initialen Erzeugen einer Gruppe wird ein erster logischer Ausdruck hinzugefügt und mit einer bestimmten Task alle äquivalenten Ausdrücke abgeleitet. Die äquivalenten Ausdrücke werden mit Transformationsregeln generiert. Dazu muss zuerst für jede Transformationsregel überprüft werden, ob diese auf den gegebenen Ausdruck angewendet werden kann. Für die Inputs eines Ausdruckes wird dieser Prozess wiederholt, um auch dafür neue Gruppen und mithin äquivalente Ausdrücke abzuleiten. Für die physikalischen Ausdrücke werden die Kosten berechnet und am Ende des Optimierungsprozesses wird der kostengünstigste physikalische Gesamtausdruck als Ausführungsplan zurückgeliefert.

Als nächstes soll nun genauer auf die Darstellung von Ausdrücken und Regeln in Minibase eingegangen werden, da dies von zentraler Bedeutung für die später eingeführte NF^2-Erweiterung ist. Ein Ausdruck, egal ob logisch oder physikalisch, wird mit einer Instanz der Expression-Klasse repräsentiert. Im Folgenden ist die Darstellung der logischen Selektion zu sehen.

```
Expression selection = new Expression(new Selection(), table, condition);
```

Jede Expression erhält im Konstruktor zuerst den Operator-Typ (hier steht "Selection" für die logische Selektion). Alle nachfolgenden Parameter im Konstruktor sind die Inputs des Ausdruckes, der durch die Expression-Instanz repräsentiert wird. Dabei sind die Inputs wiederum Instanzen der Expression-Klasse. Weitere Operator-Typen sind z.B. Projection, EquiJoin, GetTable oder Comparison. Physikalische Operator-Typen sind z.B. Truncate, HashJoin oder FileScan. Der Operator-Typ definiert unter anderem die Anzahl der geforderten Inputs der dazugehörigen Expression. Auch jede Transformationsregel wird durch eine eigene Klasse repräsentiert. Dabei wird im Konstruktor der Klasse die Struktur der Regel definiert, die später von der Rule Bindery verwendet wird, um zu testen, ob die Regel auf einen gegebenen Ausdruck anwendbar ist. Im Folgenden ist als Beispiel der Konstruktor der Regel gegeben, um einen logischen EquiJoin zu einem physikalischen NestedLoopsJoin zu transformieren.

```
public EquiJoinToNestedLoopsJoin() {
    super(RuleType.EQUI_TO_NESTEDLOOPS_JOIN,
    // input pattern
    new Expression(new EquiJoin(), new Expression(new Leaf(0)),
        new Expression(new Leaf(1))),
    // output pattern
    new Expression(new NestedLoopsJoin(), new Expression(new Leaf(0)),
        new Expression(new Leaf(1))));
}
```

Es wird zum einen das Input-Muster angegeben, das ein Ausdruck besitzen muss, auf den die Regel anwendbar ist. Die Leaf-Klasse repräsentiert in der Regel einen beliebigen Input. Zum anderen wird das Ausgabemuster der Regel definiert, d.h. welche Struktur der neu erzeugte äquivalente Ausdruck besitzt. Des Weiteren besitzt die Klasse einer Regel die Methode isApplicable(), mit der es möglich ist, noch weitere Eigenschaften mit in die Entscheidung einfließen lassen zu können, ob die Regel auf einen Ausdruck anwendbar ist oder nicht (z.B. ob eine Korrelation zwischen innerer und äußerer Query existiert).

6.2 Erweiterung des Minibase Optimizers

In diesem Abschnitt wird aufgezeigt, wie der Query Optimizer von Minibase erweitert wurde, um Nested Queries mit Hilfe von NF^2-Transformationsregeln zu optimieren. Zuerst wurden die NF^2-Regeln für das Transformationsverfahren nach Kim aus Kapitel 4 implementiert. Für die Transformationsregel von Typ-J Nested Queries ist im Folgenden der Konstruktor angegeben, um nochmals den Aufbau einer Regel zu verdeutlichen.

```
public UnnestTypeJ() {
    super(RuleType.UNNEST_TYPE_J,

    // input pattern
    new Expression(new Selection(), new Expression(new Leaf(0)),
        new Expression(
            new Comparison(),
            new Expression(new Leaf(1)),
            new Expression(new Projection(),
                new Expression(new Selection(), new Expression(new
                    Leaf(2)), new Expression(new Leaf(3)))))),

    // output pattern
    new Expression(new Distinct(),
        new Expression(new Projection(), new Expression(new EquiJoin(), new
            Expression(new Leaf(0)),
            new Expression(new Projection(), new Expression(new
                Leaf(2))))))));
}
```

Wie beim Eingabemuster der Regel zu sehen ist, enthält der Vergleichsoperator (dargestellt durch die Comparison-Klasse) selbst wieder einen logischen Ausdruck. Jedoch ist dies in der Ausführungslogik des ursprünglichen Optimizers nicht erlaubt. Somit werden Exceptions geworfen, wenn in den Inputs des Comparison-Operators logische Ausdrücke enthalten sind (normal dürfen hier nur Konstanten oder Spalten stehen). Daher wurden an diesen Stellen in der Logik die if-Abfragen modifiziert, so dass keine Exception ausgelöst wird, sondern die Inputs des Comparison-Ausdruckes wie die Inputs anderer Operatoren auch weiter optimiert werden. Dies waren die einzigsten größeren Änderungen an der Ausführungslogik des Optimizers. Ansonsten mussten nur neue Regeln hinzugefügt oder vorhandene Operatoren angepasst werden. Zum Beispiel war es nötig, die Kostenberechnung des physikalischen Selektionsoperators anzupassen. Sobald in der Selektionsbedingung eine Subquery enthalten ist, werden die Kosten der Subquery mit der Anzahl der äußeren Tupel multipliziert, um die Gesamtkosten der geschachtelten Selektion zu erhalten. Wie ersichtlich, wird hier die Annahme verwendet, dass für jeden äußeren Tupel die Subquery evaluiert wird. Im Falle eine Korrelation ist dies auch zwingend nötig, da der Wert der Subquery vom konkreten Wert des äußeren Tupels abhängig ist und daher nicht nur einmal vorberechnet werden kann. Bei der Selektivitätsschätzung wurden keine Änderungen durchgeführt, da eine Subquery in der Selektionsbedingung nur in Kombination mit einer Aggregationsfunktion oder dem IN-Operator auftritt. Bei einer Subquery mit Aggregationsfunktion wird als Ergebnis eine Konstante zurückgeliefert, so dass die in Minibase vorhandenen Formeln verwendet werden können. Auch beim IN-Operator kann auf die bereits vorhandene Selektivitätsschätzung in Minibase zurückgegriffen werden, da das Ergebnis einer Subquery ebenfalls einer Liste von Werten entspricht.

Um die neuen Optimierungen, die im vorherigen Kapitel vorgestellt wurden, zu ermöglichen, musste auch der Projektionsoperator angepasst werden. Im ursprünglichen Optimizer bekommt der Konstruktor des Projektionsoperators eine Liste mit Spalten übergeben. Hingegen kann die Projektion in der NF^2-Algebra in der Projektionsliste neben Spalten selbst wieder NF^2-Ausdrücke enthalten. So stellte sich die Frage, wie dies im Minibase Optimizer umgesetzt werden soll. Um das Vorgehen und die Intentionen dahinter verständlicher und nachvollziehbarer zu gestalten, wird im Folgenden die Darstellung einer logischen Projektion im Minibase Optimizer aufgezeigt.

```
Expression projection = new Expression(new Projection(projectionList), input);
```

Zur Repräsentation einer verschachtelten Projektion standen zwei Möglichkeiten zur Auswahl. Die erste Möglichkeit bestand darin, den verschachtelten Ausdruck direkt mit in die Projektionsliste zu schreiben. In diesem Fall bekommt die Expression keinen neuen Input, da der verschachtelte Ausdruck nur in der Projektionsliste enthalten ist. Als Nachteil optimiert Minibase den verschachtelten Ausdruck nicht, da nur Inputs einer Expression exploriert werden. Daher müsste bei der ersten Variante die Logik des Optimizers verändert werden. Aus diesem Grund wurde die gerade beschriebene Variante verworfen. Die Wahl fiel auf die zweite Möglichkeit, bei der die Subexpression selbst ein Input der Projektion darstellt. Somit würde eine verschachtelte Projektion die folgende Struktur besitzen.

```
Expression nestedProjection = new Expression(new Projection(projectionList),
    input, subexpression);
```

Nachdem geklärt ist, an welcher Position (ob in der Projektionsliste oder als Input) eine Subexpression steht, stellt sich nun die Frage, wie mit dem Fall umgegangen werden soll, wenn eine Projektion mehrere Subexpressions hat. Auch hier existieren wieder zwei Möglichkeiten. Zum einen können die Subexpressions einfach als Inputs angehängt werden, wie es im folgenden Beispiel zu sehen ist.

```
Expression nestedProjection = new Expression(new Projection(projectionList),
    input, subexpression1, ..., subexpressionN);
```

Die zweite Möglichkeit besteht darin, einen logischen Operator "GetNestedExpression" zu definieren, der als Inputs die Subexpressions erhält, wie es im Folgenden dargestellt ist.

```
Expression nestedProjection = new Expression(new Projection(projectionList),
    input, new Expression(new GetNestedExpression(), subexpression1, ...,
    subexpressionN));
```

Da bei der Definition einer Transformationsregel das Eingabemuster eine feste bzw. statische Anzahl an Inputs besitzen muss, wurde die erste Variante verworfen und der

GetNestedExpression-Operator zum Optimizer hinzugefügt. In einer Regel kann dieser Operator mit einem einzigen Leaf-Objekt dargestellt werden, so dass die variable Anzahl seiner Inputs zu keinen Problemen führt. Ein weiterer Punkt, der beachtet werden musste, war die Möglichkeit, dass in einer verschachtelten Projektion neue Attribute definiert werden können, die als Input selbst wieder Relationen enthalten können. Jedoch kann im ursprünglichen Optimizer nur auf vorhandene Spalten des System-Katalogs referenziert werden. Daher wurde als Erweiterung eine sogenannte "DerivedColumn" eingeführt, die auf eine Expression referenziert und nicht auf eine Spalte im Systemkatalog.

Als nächstes stellte sich die Frage, wie Gruppierungen im Optimizer dargestellt werden sollten. Die erste Idee bestand darin, auf der logischen und physikalischen Ebene jeweils einen neuen Operator einzuführen. Doch dies macht wenig Sinn, da es nun möglich ist, mit Hilfe einer verschachtelten Projektion die Gruppierung auf der logischen Ebene darzustellen. Auf diese Weise können dann auch die neuen Optimierungen, die im vorherigen Kapitel vorgestellt wurden, vom Optimizer durchgeführt werden. Es muss am Ende nur ein physikalischer Group-By/Aggregate Operator definiert sein, auf den eine logische Gruppierung abgebildet werden kann. Dies ist nötig, da es unter anderem das Ziel dieser Arbeit ist, einen Optimizer zu erhalten, der nur Ausführungspläne generiert, die in jedem Datenbanksystem ausgeführt werden können, ohne neue Operatoren definieren zu müssen.

Zusätzlich wurden die restlichen Transformationsregeln aus Abschnitt 5.1 von Kapitel 5 implementiert, so dass alle dort vorgestellten Optimierungen auch vom Optimizer durchgeführt werden können. Des Weiteren wurde das Subquery Coalescing, welches in Kapitel 4 durch drei Transformationsregeln in der NF^2-Algebra dargestellt wurde, implementiert. Hingegen war bei der Implementierung nur eine Regel nötig, da die drei Regeln aus Kapitel 4 das selbe Eingabemuster besitzen und sich nur im Ausgabemuster unterscheiden. So kann mit einer Fallunterscheidung innerhalb der Regel-Implementierung das benötigte Ausgabemuster erzeugt werden.

Die Anzahl der neuen Klassen und Code-Zeilen (abgekürzt mit LOC) wird im Folgenden dargestellt, wobei zur Bestimmung der Anzahl der Code-Zeilen Kommentare ignoriert wurden. Es wurden 12 neue Regeln hinzugefügt. Vier davon waren Regeln der relationalen Algebra, die noch nicht im Optimizer implementiert waren, wie z.B. die Entfernung eines redundanten Joins. Die restlichen Regeln sind für die NF^2-Transformationen verantwortlich. Insgesamt mussten sechs Operatoren angepasst werden (davon 5 logische und ein physikalischer Operator). Des Weiteren mussten zwei logische Operatoren hinzugefügt werden, wobei einer die logische Aggregationsfunktion repräsentiert. Zusätzlich musste ein Group-By/Aggregate Operator als physikalischer Operator hinzugefügt werden, da dieser in Minibase noch nicht vorhanden war. Im Vergleich zum ursprünglichen Optimizer mit 5972 Zeilen Code, besteht der erweiterte Optimizer aus 8038 Zeilen Code. Betrachtet man davon aber nur die NF^2-Erweiterungen (und ignoriert andere Konstrukte, die hinzugefügt werden mussten, aber in einem normalen Optimizer vorhanden sind), so besteht der erweiterte Optimizer aus 7630 Zeilen Code. Dies ist ein Anstieg der LOC um 27,8 %. Zur Ausführungslogik hingegen wurden nur 48 Code-Zeilen hinzugefügt. Neben der reinen Menge an Code, die hinzugefügt werden musste, ist zusätzlich noch interessant zu betrachten, wie sich die Komplexität des Codes verändert. Als Maß für die Komplexität wird die McCabe-Metrik [13] verwendet, bei der die Anzahl der Pfade des Kontrollflussgraphens mit in die Berechnung eingeht (doch für Details der Berechnung sei auf die Arbeit von McCabe verwiesen). Je höher der Wert, desto "komplexer" ist der Code. Der ursprüngliche Code besitzt als Wert für die durchschnittliche McCabe-Metrik 2,241 und der erweiterte Code 2,398, was ein Anstieg von 7 % entspricht. Als Vergleichswert kann die B+-Tree Implementierung aus Minibase herangezogen werden, die eine McCabe-Metrik von 5,7 besitzt, und somit mehr als doppelt so komplex ist wie der erweiterte Optimizer.

7. Evaluation

In diesem Kapitel wird eine Menge von Nested Queries definiert und ermittelt wie diese Queries von vorhandenen Datenbanksystemen ausgeführt werden. Dadurch lässt sich ein Einblick verschaffen, welche Nested Query Optimierungstechniken von aktuellen Systemen unterstützt werden und welche nicht. Zusätzlich wird für jede Query mit dem implementierten NF^2-Optimizer ein Ausführungsplan generiert und das dazu äquivalente SQL-Statement abgeleitet. Die daraus gewonnenen Queries werden ebenfalls auf den Datenbanksystemen ausgeführt und der Performance-Gewinn im Vergleich zur originalen Query bestimmt. Damit soll gezeigt werden, dass der NF^2-Ansatz bessere Ausführungspläne für Nested Queries findet, als Optimizer von vorhandenen Datenbanksystemen. Neben der eben beschriebenen Betrachtung des erhaltenen Speedups durch die generierten Pläne, wird zusätzlich evaluiert, wie die Optimierungszeit und der Speicherverbrauch des Optimizers durch Hinzufügen der NF^2-Regeln beeinflusst wird. Damit soll die praktische Anwendbarkeit des NF^2-Ansatzes demonstriert werden. Dieses Kapitel ist nun wie folgt strukturiert. In einem ersten Abschnitt wird der Versuchsaufbau dargestellt. Im nächsten Abschnitt werden die zur Evaluation ausgewählten Nested Queries, sowie die dazu äquivalenten Queries, die durch den NF^2-Optimizer generiert wurden, aufgezeigt. Im letzten Abschnitt werden die Resultate der durchgeführten Experimente vorgestellt.

7.1 Versuchsaufbau

Die Experimente dieser Arbeit wurden auf einem Mac Pro mit einem 3,5 GHz 6-Core Intel Xeon E5 Prozessor mit 64 GB Arbeitsspeicher durchgeführt. Die Datenbanksysteme wurden auf einer Windows 8.1 Instanz einer virtuellen Maschine installiert. Der virtuellen Maschine waren 4 Kerne und 32 GB Arbeitsspeicher zugewiesen. Als Datenbanksysteme wurden PostgreSQL Version 9.4.2 und drei marktführende kommerzielle Systeme eingesetzt. Aus lizenzrechtlichen Gründen werden in dieser Arbeit für die kommerziellen Systeme die Namen "DB-X", "DB-Y" und "DB-Z" verwendet. Außer DB-Y, wurden alle Systeme in ihrer Standardkonfiguration betrieben. Bei DB-Y musste die Größe des Buffer Pools von "automatisch" auf "manuell" geändert werden, da trotz der automatischen Speicherallokierung nur maximal 300 MB verwendet wurden und somit bestimmte Queries nicht in annehmbarer Zeit ausführbar waren. Daher wurde die Buffer Pool Größe von DB-Y auf 2 GB erhöht und somit auf einen ähnlichen Wert wie die Buffer Pool Größe der anderen Systeme gebracht. Bei allen Systemen wurde eine 10 GB TPC-H Datenbank auf einer externen Festplatte aufgesetzt. Zur Evaluation der Queries wurde eine Java-

Anwendung geschrieben, die über eine JDBC-Schnittstelle auf die Datenbanken zugreift. Insgesamt wurden neun Queries evaluiert und für jede Query wurde die Messung fünf mal durchgeführt. Um eine Verzerrung der Ergebnisse bedingt durch ein Caching der Daten zu reduzieren, wurden die einzelnen Messungen der Ausführungszeit einer Query zufällig anstatt nacheinander ausgeführt. Zur Berechnung des Ergebnisses einer Messung wurden von den fünf Messwerten der größte und kleinste Wert verworfen und unter den restlichen Werten der Durchschnitt gebildet.

7.2 Queries

In diesem Abschnitt werden die Nested Queries, die in der Evaluation verwendet werden, vorgestellt. Es wird zusätzlich darauf eingegangen, warum eine Query zur Evaluation ausgewählt wurde und erläutert, welche kritischen Punkte, die für ein Datenbanksystem eine Herausforderung darstellen könnten, darin enthalten sind. Des Weiteren werden die transformierten SQL-Statements angegeben, die aus den generierten Plänen des NF²-Optimizers abgeleitet wurden.

Query 1: Nestung von Typ-J

Die erste Query bestimmt alle Produkte, die von einem Lieferanten geliefert werden (Ausgabe: Lieferantenname, Produktname).

```
SELECT s_name, p_name
FROM Part, Supplier
WHERE p_partkey IN (
    SELECT ps_partkey
    FROM PartSupp
    WHERE ps_suppkey = s_suppkey
)
```

Die Query enthält eine einfache korrelierte Subquery, d.h. es wird in der Subquery auf ein Attribut der äußeren Query zugegriffen. Somit ist das Ergebnis der Subquery abhängig vom jeweiligen äußeren Tupel und kann daher nicht einmalig berechnet und nicht wiederverwendet werden. Die PartSupp Tabelle stellt die Beziehung zwischen Part und Supplier Tupel her. Daher stellt diese Query eine alternative Darstellung für einen Join zwischen der Part, Supplier und PartSupp Tabelle dar. Für jeden äußeren Tupel aus dem Kreuzprodukt von Part und Supplier werden diejenigen Tupel aus PartSupp ausgewählt, die den gleichen "suppkey" haben. Danach wird überprüft ob auch der "partkey" des äußeren Tupels in dieser Menge vorkommt. Ist dies der Fall, so ist der gesamte äußere Tupel in der Ergebnismenge enthalten.

Die Query wurde zur Evaluation ausgewählt, da Nested Queries von diesem Typ häufig in der Praxis auftreten. In der Arbeit von Kim werden Nested Queries dieser Art als "Typ J" kategorisiert und ein Transformationsverfahren angegeben, mit dem die Subqueries in der WHERE-Clause durch einen Join ersetzt werden. Daher ist es interessant zu sehen, ob auch aktuelle Systeme diese Transformation durchführen können oder die Subquery naiv für jeden äußeren Tupel ausgeführt wird.

In Kapitel 4 wurde aus dem Transformationsverfahren von Kim eine NF^2-Regel abgeleitet, die auch im Optimizer von Minibase implementiert wurde. Für die obige Query liefert der Optimizer somit einen Plan der folgender Query entspricht.

```
SELECT p_name, s_name
FROM Part, Supplier, PartSupp
WHERE p_partkey = ps_partkey AND ps_suppkey = s_suppkey
```

Wie ersichtlich wird die Subquery durch einen Join ersetzt, wodurch sich nun weitere Optimierungsmöglichkeiten ergeben: Es können verschiedene Join-Arten (z.B. ein Hash Join) und verschiedene Join-Reihenfolgen betrachtet werden.

Query 2: Nestung von Typ-JA

Die zweite Query bestimmt alle Produkte, die teurer sind als der Durchschnittspreis von Produkten der selben Produktgruppe (Ausgabe: Produktname).

```
SELECT P1.p_name
FROM Part P1
WHERE P1.p_retailprice > (
    SELECT AVG(P2.p_retailprice)
    FROM Part P2
    WHERE P2.p_type = P1.p_type
)
```

Auch hier besitzt die Query eine korrelierte Subquery. Für jeden äußeren Part-Tupel werden in der Subquery diejenigen Tupel aus der Relation Part ausgewählt, die vom selben Typ wie der äußere Tupel sind. Für diese Teilmenge wird anschließend der Durchschnittspreis berechnet. Der entsprechende äußere Tupel ist in der Ergebnismenge enthalten, wenn sein Preis größer als der in der Subquery berechnete Durchschnittspreis ist. Auch dieser Query-Typ tritt häufig in der Praxis auf. In der Arbeit von Kim wird eine Nested Query dieser Art als "Typ-JA" kategorisiert und ebenfalls ein Transformationsverfahren angegeben. Der Unterschied zum Typ-J besteht in der Verwendung einer Aggregationsfunktion in der Subquery. Auch für diesen Typ soll ermittelt werden, ob aktuelle Datenbanksysteme eine Transformation durchführen oder eine naive Ausführung wählen.

Mit der in Kapitel 4 definierten Äquivalenzregel zur Transformation einer Typ-JA Query liefert der adpatierte Optimizer von Minibase einen Plan zurück, der folgendem SQL-Statement entspricht.

```
SELECT P1.p_name
FROM Part P1,
    (SELECT p_type, AVG(p_retailprice) AS avg_price
    FROM Part
    GROUP BY p_type) P2
WHERE P2.p_type = P1.p_type AND P1.p_retailprice > P2.avg_price
```

Anstatt die Subquery für jeden äußeren Tupel zu evaluieren, wird bei der umgeschriebenen Query eine Gruppierung durchgeführt und diese mit der ursprünglichen äußeren Tabelle gejoint.

Query 3: Redundanter Tabellenzugriff in der FROM-Clause

Diese Query ermittelt den niedrigsten und höchsten Preis einer Bestellung (Ausgabe: niedrigster und höchster Preis einer Bestellung).

```
SELECT min_price, max_price
FROM (SELECT MIN(o_totalprice) AS min_price
        FROM Orders) O1,
     (SELECT MAX(o_totalprice) AS max_price
        FROM Orders) O2
```

In der FROM-Clause der Query kommen zwei Subqueries vor. In beiden Subqueries wird auf die Tabelle Orders zugegriffen. In der ersten Subquery wird der niedrigste Preis und in der zweiten Subquery der höchste Preis bestimmt.

Der Grund für die Auswahl dieser Query ist es, herauszufinden, ob aktuelle Datenbanksysteme einfache Formen der Redundanz innerhalb von Subqueries eliminieren können. In Kapitel 5 wurde dargestellt wie diese Query mit Hilfe des NF^2-Ansatzes zu einer effizienteren Version umgeschrieben werden kann. Das daraus erhaltene transformierte SQL-Statement wird hier nochmals zur Wiederholung aufgezeigt.

```
SELECT min_price, max_price
FROM (SELECT MIN(o_totalprice) AS min_price, MAX(o_totalprice) AS max_price
        FROM Orders) O1
```

Query 4: Redundante Gruppierung in der FROM-Clause

Bei dieser Query wird für jeden Kunden der höchste und niedrigste Preis einer Bestellung ausgegeben (Ausgabe: Kundennummer, maximaler und minimaler Preis einer Bestellung des Kunden).

```
SELECT O1.o_custkey, max_price, min_price
FROM (SELECT o_custkey, MAX(o_totalprice) AS max_price
        FROM Orders
```

```
        GROUP BY o_custkey) O1,
        (SELECT o_custkey, MIN(o_totalprice) AS min_price
        FROM Orders
        GROUP BY o_custkey) O2
WHERE O1.o_custkey = O2.o_custkey
```

Diese Query stellt eine Erweiterung der vorherigen Query dar. In jeder Subquery wird zusätzlich eine Gruppierung nach der Kundennummer durchgeführt und bei der ersten Subquery der maximale Preis und bei der zweiten Subquery der minimale Preis jeder Gruppe berechnet. Zuletzt werden die Ergebnisse der beiden Subqueries miteinander gejoint.

Die Query wurde ausgewählt, um zu überprüfen, ob Systeme, die die vorherige Query optimieren können, dies auch noch bei Einführung einer zusätzlichen Gruppierung können. Auch die Transformation dieser Query wurde in Kapitel 5 behandelt. Es wurde gezeigt, wie mit Hilfe von $(NF^2\text{-})$Regeln die redundante Gruppierung eliminiert werden kann. Nochmals zur Wiederholung wird hier das transformierte SQL-Statement dargestellt, welches sich auch aus dem generierten Plan des implementierten NF^2-Optimizers ableiten lässt.

```
SELECT o_custkey, max_price, min_price
FROM (SELECT o_custkey, MAX(o_totalprice) AS max_price,
             MIN(o_totalprice) AS min_price
      FROM Orders
      GROUP BY o_custkey) O1
```

Query 5: Redundante Gruppierung in der FROM-Clause mit unterschiedlichen Prädikaten

Die folgende Query ermittelt für jeden Kunden den Anteil der dringenden Bestellungen im Bezug zur Gesamtanzahl seiner Bestellungen (Ausgabe: Kundennummer und Verhältnis zwischen Anzahl dringender Bestellungen zur Gesamtanzahl der Bestellungen eines Kunden).

```
SELECT O1.o_custkey, nrUrgentOrders/nrOrders
FROM (SELECT o_custkey, COUNT(*) AS nrOrders
      FROM Orders
      GROUP BY o_custkey) O1,
      (SELECT o_custkey, COUNT(*) AS nrUrgentOrders
      FROM Orders
      WHERE o_orderpriority = '1-URGENT'
      GROUP BY o_custkey) O2
WHERE O1.o_custkey = O2.o_custkey
```

Im Vergleich zur vorherigen Query besitzt diese Query in der zweiten Subquery ein zusätzliches Prädikat in der WHERE-Clause. Falls ein Datenbanksystem Query 4 optimieren kann, kann mit dieser Query getestet werden, ob die Optimierung auch noch mit einem zusätzlichen Prädikat möglich ist. Auch die Umschreibung dieser Query mit Hilfe der NF²-Algebra wurde in Kapitel 5 aufgezeigt.

```
SELECT o_custkey, nrUrgentOrders/nrOrders AS ratio
FROM (SELECT o_custkey, COUNT(*) AS nrOrders,
        COUNT(CASE WHEN o_orderpriority = '1-URGENT' THEN 1 END)
          AS nrUrgentOrders
      FROM Orders
      GROUP BY o_custkey) O1
WHERE nrUrgentOrders <> 0
```

Da das Prädikat aus der WHERE-Clause entfernt und durch ein CASE-Statement innerhalb der Aggregationsfunktion ausgetauscht wurde, können nun die beiden Subqueries zusammengefasst werden und der redundante Tabellenzugriff damit eliminiert werden.

Query 6: Redundante Subqueries des gleichen Typs in der WHERE-Clause

Die nachfolgende Query bestimmt alle Bestellungen, die mindestens so teuer sind, wie die teuersten Bestellungen mit höchster, hoher und mittlerer Priorität (Ausgabe: Alle Attribute der entsprechenden Bestellungen).

```
SELECT *
FROM Orders
WHERE o_totalprice >= (
        SELECT MAX(o_totalprice)
        FROM Orders
        WHERE o_orderpriority = '1-URGENT'
) AND o_totalprice >= (
        SELECT MAX(o_totalprice)
        FROM Orders
        WHERE o_orderpriority = '2-HIGH'
) AND o_totalprice >= (
        SELECT MAX(o_totalprice)
        FROM Orders
        WHERE o_orderpriority = '3-MEDIUM'
)
```

Performance-Probleme bei dieser Query werden durch den redundanten Zugriff auf die Orders-Tabelle verursacht. Im Vergleich zu den bereits vorgestellten Queries, ist hier die Redundanz in der WHERE-Clause und nicht in der FROM-Clause enthalten. Aus diesem Grund wurde diese Query ausgewählt, um zu evaluieren, wie die Datenbanksysteme mit Redundanz in der WHERE-Clause umgehen.

Die Subqueries können nun mit dem sogenannten "Subquery Coalescing", wie es in der Arbeit von Bellamkonda *et al.* [2] beschrieben ist, zusammengefasst werden. In Kapitel 4 wurden aus dem Verfahren von Bellamkonda *et al.* NF²-Äquivalenzregeln abgeleitet, die auch im NF²-Optimizer in Minibase implementiert wurden. Das optimierte SQL-Statement, welches äquivalent zu dem in Minibase genierierten Ausführungsplan ist, ist im Folgenden einzusehen.

```
SELECT *
FROM Orders
WHERE o_totalprice >= (
    SELECT MAX(o_totalprice)
    FROM Orders
    WHERE o_orderpriority = '1-URGENT' OR o_orderpriority = '2-HIGH'
        OR o_orderpriority = '3-MEDIUM'
)
```

Query 7: Redundante Subqueries unterschiedlichen Typs in der WHERE-Clause

Die nächste Query ermittelt alle Teile die günstiger und größer sind, als der Durchschnitt der Teile des gleichen Typs (Ausgabe: Name des Teils).

```
SELECT P1.p_name
FROM Part P1
WHERE P1.p_retailprice < (
    SELECT AVG(P2.p_retailprice)
    FROM Part P2
    WHERE P2.p_type = P1.p_type
) AND P1.p_size > (
    SELECT AVG(P2.p_size)
    FROM Part P2
    WHERE P2.p_type = P1.p_type
)
```

Im Vergleich zur vorherigen Query, sind hier nun die Subqueries von einem unterschiedlichen Typ, d.h. sie berechnen die Aggregationsfunktion auf verschiedenen Attributen. Des Weiteren sind die Vergleiche der äußeren Query ebenfalls unterschiedlich (gemeint sind die Vergleiche "P1.p_retailprice < ..." und "P1.p_size > ..."). Daher lässt sich hier das Subquery Coalescing nicht anwenden. Allerdings können durch Kombination von bereits beschriebenen Transformationen, die beiden Subqueries und der darin enthaltene redundante Tabellenzugriff entfernt werden. Daher ist es interessant zu testen, ob Datenbanksysteme, die die einzelnen Transformationstechniken beherrschen, diese auch miteinander kombinieren können. Nach zweimaliger Anwendung der Transformationsregel nach Kim und der Eliminierung einer redundanten Gruppierung, liefert der Minibase Optimizer einen Ausführungsplan zurück, der äquivalent zu folgender Query ist.

```
SELECT p_name
FROM Part P1,
     (SELECT p_type, AVG(p_size) AS avg_size, AVG(p_retailprice) AS avg_price
     FROM Part
     GROUP BY p_type) P2
WHERE P1.p_type = P2.p_type AND p_retailprice < avg_price AND p_size > avg_size
```

Query 8: Redundante Subqueries unterschiedlichen Typs und unterschiedlicher Prädikate in der WHERE-Clause

Bei dieser Query werden alle Teile zurückgeliefert, die günstiger als der Durchschnitt der Teile des gleichen Typs von Marke "Brand#13" und die größer als der Durchschnitt der Teile des gleichen Typs von Marke "Brand#14" sind (Ausgabe: Name des Teils).

```
SELECT P1.p_name
FROM Part P1
WHERE P1.p_retailprice < (
     SELECT AVG(P2.p_retailprice)
     FROM Part P2
     WHERE P2.p_type = P1.p_type AND P2.p_brand = 'Brand#13'
) AND P1.p_size > (
     SELECT AVG(P2.p_size)
     FROM Part P2
     WHERE P2.p_type = P1.p_type AND P2.p_brand = 'Brand#14'
)
```

Im Unterschied zu Query 7, sind hier zusätzlich verschiedene Prädikate in der WHERE-Clause der Subqueries enthalten. Daher muss zusätzlich neben den bereits eingesetzten Regeln noch die CASE-Umschreibung verwendet werden. Somit stellt diese Query eine noch größere Herausforderung an die zu evaluierenden Datenbanksysteme. In Kapitel 5 ist beschrieben, wie diese Query mit (NF^2-)Regeln transformiert werden kann. Die umgeschriebene Query, die auch durch den Minibase Optimizer zurückgeliefert wird, sieht wie folgt aus.

```
SELECT p_name
FROM Part P1,
     (SELECT p_type,
        AVG(CASE WHEN p_brand = 'Brand#14' THEN p_size END) AS avg_size
        AVG(CASE WHEN p_brand = 'Brand#13' THEN p_retailprice END) AS avg_price
     FROM Part
     GROUP BY p_type) P2
WHERE P1.p_type = P2.p_type AND p_retailprice < avg_price AND p_size > avg_size
     AND avg_size IS NOT NULL AND avg_price IS NOT NULL
```

Query 9: Redundante Gruppierung in der SELECT-Clause

Bei der letzten Query wird pro Teile-Typ die Anzahl der Teile und der Durchschnittspreis ermittelt (Ausgabe: Typ des Teils, Durchschnittspreis und Anzahl der Teile).
SELECT p_type, AVG(p_retailprice),
(SELECT COUNT(*) FROM Part P2 WHERE P2.p_type = P1.p_type)
FROM Part P1
GROUP BY p_type

Bei dieser Query ist eine korrelierte Subquery in der SELECT-Clause enthalten. Die Query wurde ausgewählt um zu überprüfen, ob die Datenbanksysteme die Query naiv ausführen und für jeden Tupel die Subquery evaluieren oder eine Transformation in eine effizientere Variante durchführen. In Kapitel 5 ist dargestellt, wie die gegebene Query in die folgende Form gebracht werden kann, die auch durch den Minibase Optimizer zurückgeliefert wird.

SELECT p_type, AVG(p_retailprice), COUNT(*)
FROM Part
GROUP BY p_type

7.3 Ergebnisse

In diesem Abschnitt werden die Ergebnisse der Evaluation vorgestellt. Zuerst wird dabei auf die Laufzeit und die Kosten der originalen und optimierten Queries auf den unterschiedlichen Datenbanksystemen eingegangen. Danach wird aufgezeigt, wie das Hinzufügen von NF^2-Regeln zum Optimizer dessen Laufzeit und Speicherverbrauch beeinflusst.

7.3.1 Kosten und Laufzeit der Queries

Für jede Query wurde die Ausführungszeit und die Kosten, die der Optimizer der entsprechenden Datenbank schätzt, bestimmt. Danach wurde mit dem erweiterten Minibase Optimizer für jede der Queries ein Ausführungsplan generiert und daraus ein äquivalentes SQL-Statement abgeleitet. Für jede dieser optimierten Queries wurde die selbe Prozedur durchgeführt und die Ausführungszeit, sowie die Kosten des Optimizers der dazugehörigen Datenbank bestimmt. In einem nächsten Schritt wurde die Reduktion der geschätzten Kosten von originaler zu transformierter Query berechnet. Selbiges wurde auch für die tatsächliche Ausführungszeit der Queries durchgeführt. Jedoch wurde hier zur reinen Ausführungszeit im Datenbanksystem noch zusätzlich die Optimierungszeit des erweiterten Minibase Optimizers hinzu addiert, d.h. für die originale Query wurden die NF^2-Regeln im Minibase Optimizer deaktiviert und für die transformierten Queries waren diese Regeln aktiviert. Dies ist dadurch begründet, da die Summe aus Optimierungs- und Ausführungszeit die einzig praktisch relevante Größe ist. Isoliert betrachtet, sagen die einzelnen Zeiten nicht viel über den tatsächlichen Performance-Gewinn aus. Daher wird in diesem Abschnitt mit den Begriffen "Ausführungszeit" oder "Laufzeit" die gesamte Dauer einer Query bezeichnet (die Optimierungszeit in Minibase wird immer dazugerechnet). In

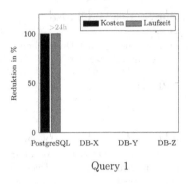

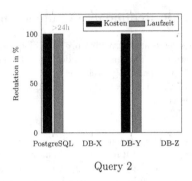

Query 1   Query 2

den folgenden Diagrammen sind für die einzelnen Queries die Reduktionen der geschätzten Kosten und die Gesamtzeit auf den unterschiedlichen Datenbanksystemen dargestellt.
Die Reduktion in Prozent wurde mit folgender Formel berechnet:

$$\frac{(\text{alter Wert} - \text{neuer Wert})}{\text{alter Wert}} * 100.$$

Der "alte Wert" entspricht hier den Kosten oder der Laufzeit der originalen Query. Dagegen
wird mit dem "neuen Wert" die Kosten oder die Laufzeit der äquivalenten durch den
Optimizer von Minibase transformierten Query bezeichnet.

Neben dieser kurzen Einleitung, können nun die Ergebnisse vorgestellt werden. Die erste Nested Query vom Typ-J wird von DB-X, DB-Y und DB-Z in einen Join umgeschrieben,
d.h. es wird die Transformation nach Kim durchgeführt. Daher wird die originale Query in
diesen Systemen gleich wie die durch den Minibase Optimizer transformierte Version ausgeführt, wodurch die Reduktion der geschätzten Kosten und die Reduktion der Laufzeit
bei 0 % liegt. Nur PostgreSQL kann die originale Query nicht transformieren und führt für
jeden äußeren Tupel die Subquery aus. Die Ausführung der originalen Query terminierte
selbst nach 24 Stunden nicht und wurde daher abgebrochen. Bei jeder Query, die nach
24 Stunden abgebrochen wurde, wird im Diagramm über dem entsprechenden Balken die
Notiz ">24h" vermerkt. Im Vergleich dazu wurde die Query, die durch den NF^2-Optimizer
transformiert wurde, in 32 Sekunden ausgeführt. Auch bei den geschätzten Kosten von
PostgreSQL spiegelt sich dies wieder. Hier erhält man eine Reduktion von rund 100 %.

Auch die zweite Nested Query vom Typ-JA kann PostgreSQL nicht in eine effizientere
Form transformieren. Es wird ebenfalls für jeden äußeren Tupel die Subquery evaluiert,
so dass auch hier nach 24 Stunden die Query noch nicht abgearbeitet ist. Im Vergleich
wird die durch Minibase umgeschriebene Version in ca. 3 Sekunden ausgeführt. DB-X,
DB-Y und DB-Z können die Transformation nach Kim durchführen. Jedoch findet DB-Y
bei Eingabe der Query, die durch den NF^2-Optimizer transformiert wurde, einen besseren
Ausführungsplan als bei der originalen Query. Bei der originalen Query wird ein Nested
Loops Join und bei der optimierten Version ein Hash Join eingesetzt. Dadurch ist die
originale Query um einen Faktor von fast 1300 langsamer als die transformierte Query.

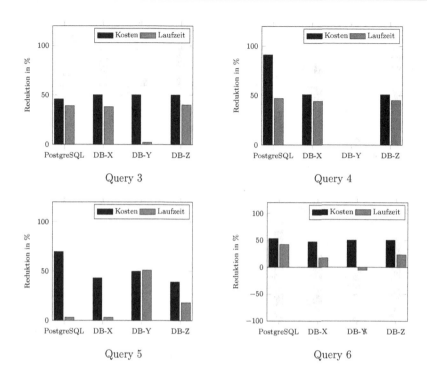

Query 3   Query 4

Query 5   Query 6

Bei der dritten Query kann keines der Datenbanksysteme die vorhandene Redundanz, die durch die beiden Subqueries in der FROM-Clause gegeben ist, eliminieren. Bei PostgreSQL, DB-X und DB-Z, kann die Laufzeit durch die vom NF^2-Optimizer umgeschriebene Query um fast 40 % reduziert werden. Die Reduktion der geschätzten Kosten liegt bei allen Systemen bei ca. 50 %. Nur das tatsächliche Ergebnis von DB-Y weicht deutlich von den geschätzten Kosten ab, so dass die vorgeschlagene Optimierung keine große Reduktion bringt.

Bei Query 4 kann nur DB-Y die redundante Gruppierung entfernen. Die anderen Systeme führen bei der originalen Query beide Gruppierungen aus. Beim Ausführungsplan, der durch den NF^2-Optimizer generiert wurde, ist nur eine Gruppierung enthalten, so dass das dazu äquivalente SQL-Statement bei PostgreSQL, DB-X und DB-Z zu einer Laufzeitreduktion von fast 50 % führt. Bei PostgreSQL können die geschätzten Kosten sogar um ca. 90 % verringert werden.

Bei Query 5 kann DB-Y die beiden redundanten Gruppierungen in der originalen Query nicht mehr zusammenfassen, so dass hier mit der umgeschriebenen Query ein Speedup von 50 % erreicht werden kann. Interessanterweise soll nach der Kostenschätzung von PostgreSQL und DB-X die transformierte Query zu einem deutlichen Performance-Anstieg führen. Hingegen ist die tatsächliche Laufzeit der transformierten Query in beiden

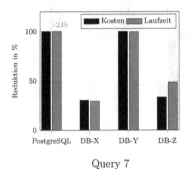

Query 7

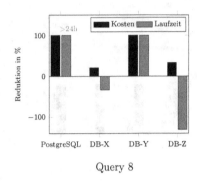

Query 8

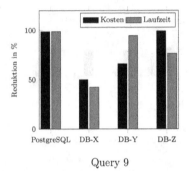

Query 9

genannten Systemen nur geringfügig schneller, als die der originalen Query.

Auch kann keines der Datenbanksysteme die redundanten Subqueries in der WHERE-Clause bei Query 6 zusammenfassen. Für Eingabe der transformierten Query schätzen alle Systeme die Kosten um ca. 50 % niedriger als die Kosten der originalen Query. Jedoch nimmt bei DB-Y die tatsächliche Performance bei der umgeschriebenen Query leicht ab.

Query 7 ist bei PostgreSQL auch nach 24 Stunden nicht abgearbeitet, so dass auch hier die Messung abgebrochen wurde. Hingegen ließ sich die umgeschriebene Query in ca. 3 Sekunden ausführen. Die hohe Laufzeit der originalen Query ist dadurch gegeben, dass in der WHERE-Clause zwei Typ-JA Subqueries enthalten sind. Wie schon bei Query 2 ersichtlich war, kann PostgreSQL diesen Query-Typ nicht in eine effiziente Variante umschreiben, sondern führt für jeden äußeren Tupel die Subquery aus. Ein weiterer erheblicher Performance-Gewinn durch die transformierte Query ist bei DB-Y zu verbuchen. Hier ist die originale Query um fast das 350-fache langsamer als die umgeschriebene Query. Dies ist interessant zu beobachten, da DB-Y die benötigten einzelnen Transformationen, wie die Umschreibung nach Kim und die Eliminierung einer redundanten Gruppierung, zur Optimierung dieser Query zwar beherrscht, jedoch diese nicht miteinander kombinieren kann.

Bei Query 8 profitieren wieder PostgreSQL und DB-Y deutlich von der umgeschriebenen Query. Bei PostgreSQL musste die Query nach 24 Stunden abgebrochen werden. Bei DB-X und DB-Z sollte nach der Kostenschätzung die Laufzeit durch die transformierte Query gesenkt werden, jedoch verschlechtert sich diese bei der tatsächlichen Ausführung. Dies ist ein weiteres Beispiel, bei dem sich die Datenbank eigenen Optimizer deutlich verschätzen.

Bei Query 9, welche eine Subquery in der SELECT-Clause enthält, lässt sich durch die Umschreibung durch den NF^2-Optimizer ein erheblicher Performance-Gewinn bei allen System verzeichnen. Bei PostgreSQL ist die originale Query um ca. das 75-fache langsamer als die transformierte Query. Bei DB-Y ist die originale Query um den Faktor 18 und bei DB-Z um den Faktor 4 langsamer als die umgeschriebene Version.

In der folgenden Tabelle ist nochmals für jede Query aufgeführt, welche Systeme eine Umschreibung durchführen konnten und welche nicht.

	Q1	Q2	Q3	Q4	Q5	Q6	Q7	Q8	Q9
PostgreSQL	✗	✗	✗	✗	✗	✗	✗	✗	✗
DB-X	✓	✓	✗	✗	✗	✗	✗	✗	✗
DB-Z	✓	✓	✗	✗	✗	✗	✗	✗	✗
DB-Y	✓	✓	✗	✓	✗	✗	✗	✗	✗

Im nachfolgenden Diagramm ist noch für jedes System der Speedup über alle Queries zusammengefasst, d.h. es wurden jeweils die Laufzeiten der originalen und transformierten Queries aufsummiert und die Reduktion berechnet.

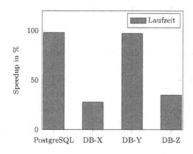

Wie zu sehen ist, profitieren PostgreSQL und DB-Y am meisten von den Umschreibungen des NF^2-Optimizers.

7.3.2 Laufzeit und Speicherverbrauch des NF^2-Optimizers

In diesem Unterabschnitt wird aufgezeigt, wie sich der Speicherverbrauch und die Optimierungszeit des Minibase Optimizers beim Hinzufügen von NF^2-Regeln verändern. Dies ist notwendig, um die praktische Anwendbarkeit des NF^2-Ansatzes zu demonstrieren. Dazu wurde der Optimierungsprozess einerseits mit deaktivierten und andererseits mit aktivierten NF^2-Regeln untersucht, d.h. im ersten Fall wurden keine NF^2-Optimierungen

durchgeführt, sondern nur die bereits vorhandenen 1NF-Regeln angewendet. Für beide Fälle wurde die Optimierungszeit, der Speicherverbrauch, die Anzahl der Gruppen
und die Anzahl der in den Gruppen enthaltenen logischen, sowie physikalischen Ausdrücke bestimmt. Dies wurde für die ersten acht Queries durchgeführt. Die neunte Query
wird schon implizit durch die interne "Expression-Darstellung" optimiert, ohne spezielle
NF^2-Transformationsregeln anwenden zu müssen. In den kommenden Diagrammen wurde festgehalten, um wie viel Prozent der Speicher und die Optimierungszeit zunimmt,
wenn NF^2-Regeln zum Optimizer hinzugefügt werden. Daneben wurde noch die Anzahl
der Gruppen, sowie die Anzahl der logischen und physikalischen Ausdrücke für den Fall
ohne und mit NF^2-Regeln angegeben. Da bei der Messung der Optimierungsdauer teil-
weise größere Schwankungen vorhanden waren, ist in den Diagrammen noch zusätzlich
der Standardfehler des Mittelwerts eingetragen.

Nach dieser kurzen Vorbemerkung werden nun die Ergebnisse vorgestellt. Die dazugehörigen Diagramme sind am Ende dieses Kapitels zu finden. Über alle Queries hinweg,
nimmt die Anzahl der Gruppen und die Anzahl der logischen und physikalischen Ausdrücke bei Aktivierung der NF^2-Regeln deutlich zu. Dies ist dadurch begründet, dass
dem Optimizer durch die NF^2-Transformationen neue Optimierungsmöglichkeiten eröffnet werden. Zum Beispiel werden beim Entnesten von Subqueries neue Joins zum Suchraum hinzugefügt, wodurch der Query Optimizer nun verschiedene Join-Reihenfolgen und
Join-Arten betrachten kann. Wie es in allen Diagrammen zu sehen ist, nimmt der Speicherverbrauch nur maximal um 20 % zu. Im Durchschnitt liegt die Speicherzunahme bei
12,3 %, was im Vergleich zum Performance-Gewinn, wie er im vorherigen Abschnitt verdeutlicht wurde, gut zu tolerieren ist. Der maximale Speicherverbrauch lag dabei auf 6,1
MB.

Bei Query 3, 4 und 5 nimmt die Optimierungszeit überraschenderweise sogar ab, obwohl die Anzahl der Gruppen und die Anzahl der logischen und physikalischen Ausdrücke
beim Hinzufügen der NF^2-Regeln zunehmen. Bei den anderen Queries nimmt die Optimierungszeit bei Hinzufügen der NF^2-Regeln zu. Bei Query 7 und 8 liegt die Zunahme
der Optimierungsdauer bei über 100 %. Wie aber im vorherigen Abschnitt schon erwähnt
wurde, ist nicht alleine die Optimierungszeit oder die Ausführungszeit von Relevanz,
sondern die Summe von beiden. So wurde im vorherigen Abschnitt gezeigt, dass bei Query 7 bei allen Systemen bezüglich der Gesamtzeit ein deutlicher Peformance-Gewinn zu
verbuchen ist. Auch bei Query 8 wurde bei PostgreSQL und DB-Y ein Speedup von 100
% erreicht.

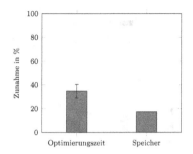
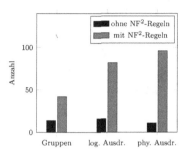

Query 1

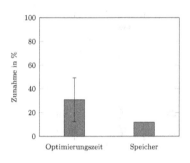
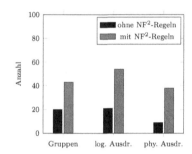

Query 2

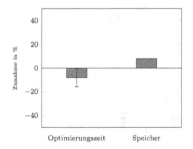
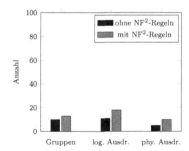

Query 3

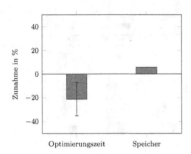
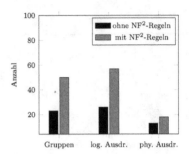

Query 4

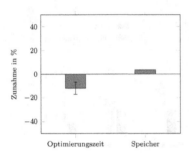
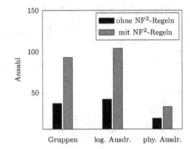

Query 5

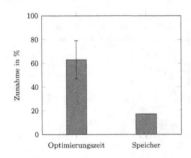
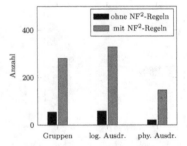

Query 6

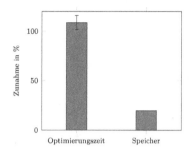
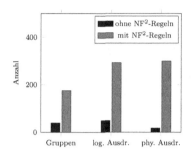

Query 7

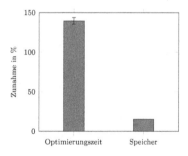
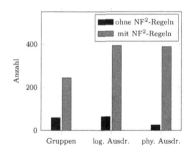

Query 8

8. Stand der Forschung

In diesem Kapitel wird der Stand der Forschung im Bereich der Optimierung von Nested Queries vorgestellt und diese Arbeit davon abgegrenzt. Die verschiedenen Ansätze lassen sich in drei Kategorien einteilen. Zur ersten Kategorie zählen Ansätze, die Umschreibungen auf dem SQL-Quellcode einer gegebenen Query durchführen, d.h. es findet ein Preprocessing vor der eigentlichen logischen Optimierung der Query statt. Somit ist dies kein theoretischer Ansatz, der auf Äquivalenzen einer Algebra basiert, sondern ein rein textueller. Bei Ansätzen der zweiten Kategorie wird die traditionelle relationale Algebra um logische und physikalische Operatoren zur Optimierung von Nested Queries erweitert. Diese Operatoren werden verwendet, um einen bestimmten Subquery-Typ algebraisch repräsentieren und dafür Transformationsregeln aufstellen zu können. Bei der dritten Kategorie wird eine eigene Algebra definiert, die maßgeschneidert auf die Optimierung von Nested Queries ist, und sich nur auf bestimmte Subquery-Typen anwenden lässt.

In der Arbeit von Kim [12], die zu den Ansätzen der ersten Kategorie zählt, werden verschiedene Typen von Nested Queries in der WHERE-Clause kategorisiert und beschrieben, wie diese in ein äquivalentes SQL-Statement umgeschrieben werden können. In der Arbeit von Kim werden die Typen dahingehend unterschieden ob eine Korrelation zwischen innerer und äußerer Query und/oder eine Aggregationsfunktion vorhanden ist. Abhängig vom Typ wird dann schrittweise beschrieben, wie das SQL-Statement umzuschreiben ist, um eine effizientere Query zu erhalten. Die Idee dahinter ist, Subqueries durch Joins zu ersetzen. Damit werden dem Query Optimizer zahlreiche neue Möglichkeiten zur Optimierung eröffnet (z.B. die Wahl verschiedener Join-Reihenfolgen oder Join-Implementierungen). Eine weitere Arbeit der ersten Kategorie ist von Zuzarte et al. [20]. In dieser Arbeit wird ein Verfahren namens "WinMagic" beschrieben, bei dem bestimmte Subquery-Typen in der WHERE-Clause durch Window Functions ersetzt werden können. Damit eine solche Transformation möglich ist, müssen die Tabellen und Prädikate der Subquery auch in der äußeren Query vorkommen. Des Weiteren ist gefordert, dass die Subquery eine Aggregationsfunktion enthält. Das Verfahren ist in DB2 Version 7 und 8 implementiert. In der Arbeit von Bellamkonda et al. [2], die ebenfalls zur ersten Kategorie zählt, werden Nested Query Optimierungen in Oracle vorgestellt. Eine darin enthaltene Technik ist das "Subquery Coalescing" bei dem redundante Subqueries in der WHERE-Clause zusammengefasst werden, um unnötige Tabellenzugriffe zu eliminieren.

In der Arbeit von Dayal [6] wird die relationale Algebra um spezielle Join und Aggregationsoperatoren erweitert und beschrieben wie sich diese Operatoren in einem Datenbanksystem implementieren lassen. Somit lässt sich dieser Ansatz in die zweite Kategorie einordnen. Ziel dabei ist es, Subqueries direkt nach dem Parsen im Operatorbaum durch die neu eingeführten Operatoren darstellen zu können, d.h. es wird hier schon implizit die Transformation nach Kim [12] durchgeführt. Die ursprüngliche Query wird hier nicht als Algebra-Ausdruck dargestellt, sondern nur die transformierte Form, wodurch natürlich weiteres Optimierungspotential nicht ausgeschöpft werden kann. Galindo-Legaria und Joshi erläutern in ihrer Arbeit [7], wie in Microsoft SQL Server Nested Queries optimiert werden. Dabei wird die relationale Algebra um einen sogenannten Apply-Operator erweitert. Der Apply-Operator wird in SQL Server verwendet, um korrelierte Subqueries in der WHERE-Clause algebraisch repräsentieren zu können. Auf diesem Operator sind Äquivalenzregeln definiert, um ihn in Joins (gemäß der Transformation nach Kim) umzuschreiben. In SQL Server werden diese Umschreibungen direkt nach dem Parsen auf dem Operator-Baum ausgeführt und diesen in eine Normalform gebracht, die keine korrelierten Subqueries mehr enthält. Nach diesem Schritt werden die standardmäßigen logischen Optimierungen ausgeführt wie z.B. die Änderung von Join-Reihenfolgen. Auch in den Ansätzen von Brantner *et al.* [3] oder Neumann und Kemper [14] wird die relationale Algebra um neue Operatoren erweitert, um die Entnestungen nach Kim algebraisch darstellen zu können.

Die Arbeiten von Wang *et al.* [19] oder Cao und Badia [4] gehören zur dritten Kategorie, und definieren eigene Algebren zur Entnestung von Subqueries nach Kim. Die Algebren orientieren sich dabei an einer NF^2-Algebra. Allerdings müssen bei diesen Ansätzen neue physikalische Operatoren wie der Nest- oder Unnest-Operator implementiert werden.

Nachdem die verschiedenen Ansätze vorgestellt wurden, wird nun darauf eingegangen, wie sich diese Arbeit davon differenziert. Im Vergleich zu den anderen algebraischen Verfahren werden beim Ansatz dieser Arbeit weder neue Operatoren zur relationalen Algebra hinzugefügt oder eine eigene Algebra definiert. Es wird eine existierende Algebra, die für das NF^2-Datenmodell [17] entwickelt wurde, verwendet. Als Vorteil bietet diese NF^2-Algebra eine sehr gute Abdeckung des SQL-Standards. Es lassen sich nicht nur Nested Queries, sondern auch weitere Konzepte aus SQL wie z.B. die GROUP BY-Clause, CASE-Statements oder Window Functions repräsentieren. Hingegen ist der algebraische Ansatz anderer Arbeiten nur auf die Optimierung von bestimmten Nested Queries beschränkt.

Verglichen mit anderen Verfahren, müssen beim Ansatz dieser Arbeit keine neuen physikalischen Operatoren implementiert werden. Die Optimierung findet ausschließlich auf der logischen Ebene statt. Alle eingesetzten logischen Operatoren lassen sich auf vorhandene physikalische Operatoren eines Datenbanksystems abbilden. Somit kann ein generierter Plan prinzipiell in jedem Datenbanksystem ausgeführt werden.

Zusätzlich gehen die in dieser Arbeit vorgestellten Optimierungsmöglichkeiten weit über die Optimierungen vorhandener Arbeiten hinaus. Es lassen sich alle aktuellen Verfahren als NF^2-Transformationsregeln repräsentieren. Des Weiteren sind zahlreiche Optimierungen wie z.B. die Entfernung von redundanten Tabellenzugriffen oder redundanten Gruppierungen in der SELECT-, FROM- oder WHERE-Clause möglich.

9. Schluss

In diesem Kapitel werden die Ergebnisse dieser Arbeit zusammengefasst und ein Fazit gezogen. Der erste Schritt der Arbeit bestand darin, zu definieren, wie sich die unterschiedlichen Typen von Subqueries in der SELECT-, FROM- und WHERE-Clause darstellen lassen. Danach wurden für aktuelle Nested Query Optimierungsverfahren NF^2-Transformationsregeln abgeleitet. In einem nächsten Schritt wurde untersucht, welche weiteren Optimierungsmöglichkeiten sich durch die Verwendung der NF^2-Algebra eröffnen. Danach wurde der theoretische NF^2-Ansatz in einem Optimizer, der auf dem Cascades Framework basiert, implementiert. Zur Evaluation wurde eine Menge von Nested Queries spezifiziert und mit dem erweiterten Optimizer Ausführungspläne generiert. Danach wurden aus den generierten Plänen äquivalente SQL-Statements abgeleitet und überprüft zu welchem Performance-Gewinn diese Queries in aktuellen Datenbanksystemen führen (im Vergleich zur originalen Query). Des Weiteren wurde ermittelt, wie sich die Optimierungszeit und der Speicherverbrauch des Optimizers ändert, beim Hinzufügen von NF^2-Regeln.

9.1 Zusammenfassung der Ergebnisse

In Kapitel 3 wurde gezeigt, dass sich Nested Queries sehr direkt und intuitiv in der NF^2-Algebra darstellen lassen. Dies liegt unter anderem daran, dass die Semantik der Auswertung einer Subquery in SQL der Auswertung von verschachtelten NF^2-Ausdrücken entspricht, d.h. für einen äußeren Tupel wird jeweils die Subquery evaluiert. Auch bei einem verschachtelten NF^2-Ausdruck wird ein innerer Ausdruck für jeden äußeren Tupel ausgewertet. Des Weiteren zeigte sich, dass auch wichtige weitere Konzepte aus SQL wie die GROUP BY-Clause, sowie CASE-Statements und Window Functions sich durch NF^2-Ausdrücke logisch darstellen lassen. Somit wird deutlich, dass es bei der NF^2-Algebra nicht nötig ist, neue Operatoren hinzufügen zu müssen, wie es vergleichsweise in der traditionellen relationalen Algebra nötig ist. Damit zeigt sich, dass die NF^2-Algebra eine gute Wahl zur algebraischen Beschreibung von SQL-Statements ist.

In Kapitel 4 wurde gezeigt, dass sich aus aktuellen Nested Query Optimierungsverfahren kompakte und nachvollziehbare NF^2-Äquivalenzregeln ableiten lassen. Die vorhandenen Transformationsverfahren besitzen die Eigenschaft, eine Query mit einem bestimmten Eingabemuster in ein bestimmtes Ausgabemuster umzuschreiben. Da sich mit der NF^2-Algebra beliebige (Nested) Queries darstellen lassen, können auch diese Eingabe- und Ausgabemuster in einer Äquivalenzregel repräsentiert werden. Der Vorteil, der sich aus der Äquivalenzregel-Darstellung ergibt, ist die einfache Erweiterbarkeit eines Query Optimizers. Angenommen der NF^2-Ansatz ist in einem Query Optimizer implementiert, so muss für ein neues Transformationsverfahren, nur eine neue Regel zum Optimizer hinzugefügt werden. Des Weiteren ist auch das Definieren von Regeln deutlich einfacher als die Implementierung von Algorithmen, die Umschreibungen auf dem SQL-Quellcode ausführen.

In Kapitel 5 wurde über bekannte Verfahren hinaus gezeigt, dass die NF^2-Algebra neue Optimierungen von Nested Queries ermöglicht. Dabei wurde gezeigt, dass der Großteil dieser Optimierungen auf Äquivalenzregeln der traditionellen relationalen Algebra basieren. Die neuen Möglichkeiten ergeben sich aus der NF^2-Darstellung bestimmter Konzepte aus SQL. Zum Beispiel wird die GROUP BY-Clause durch eine verschachtelte Projektion dargestellt. Damit können dann Regeln angewendet werden, wie z.b. das Hereinziehen von Joins in Projektionen. Daraus wird ersichtlich, dass alleine durch die NF^2-Darstellung in Kombination mit vorhandenen Regeln schon neue Optimierungsmöglichkeiten entstehen, ohne zuvor weitere Regeln hinzufügen zu müssen.

In Kapitel 6 wurde gezeigt, dass der NF^2-Ansatz in einem Optimizer, der auf dem Cascades Framework basiert, mit geringem Aufwand implementiert werden kann (die Anzahl der Code-Zeilen stieg nur um 27,8 % an). Es wurde ersichtlich, dass nur geringfügige Änderungen an der Ausführungslogik des Optimizers nötig waren, d.h. der allgemeine Ablauf des Optimierungsprozesses wurde nicht verändert, sondern es mussten nur neue Regeln und vorhandene Operatoren erweitert werden. Daraus ergibt sich der Vorteil, dass bei der Erweiterung eingeführte Bugs auch einfacher zu lokalisieren und zu beheben sind, da diese somit nur in den Regeln oder Operatoren enthalten sein müssen, und nicht im komplexeren Code der Ausführungslogik.

In Kapitel 7 wurde gezeigt, dass die generierten Pläne des erweiterten Optimizers in allen Datenbanksystemen zu einem deutlichen Peformance-Gewinn führen. Manche Queries waren sogar um mehrere Größenordnungen schneller. Dies verdeutlicht, wie mangelhaft die Optimierung von Nested Queries in heutigen Datenbanksystemen ist. Im Großen und Ganzen konnten die Datenbanksysteme nur die Entnestung nach Kim [12] durchführen (bei PostgreSQL war einmal dies nicht möglich). Selbst wenn ein Datenbanksystem die Transformation nach Kim durchführt, ist noch nicht garantiert, dass auch der effizienteste Plan gefunden wird. Bei DB-Y wurde die originale Query in einen Nested Loops Join umgeschrieben. Bei Eingabe der durch den NF^2-Optimizer transformierten Query, verwendete DB-Y einen Hash Join. So war die originale Query bei DB-Y um einen Faktor von ca. 1300 langsamer als die durch den NF^2-Optimizer transformierte äquivalente Query. Alle weiteren Optimierungen, die über eine Entnestung hinaus gehen, wie z.B. die Eliminierung von redundanten Tabellenzugriffen in der FROM-Clause, konnten von den Datenbanksystemen nicht durchgeführt werden. Nur bei DB-Y konnte eine redundante Gruppierung, die in Subqueries der FROM-Clause enthalten war, entfernt werden. Obwohl DB-Y die Eliminierung einer redundanten Gruppierung und eine Entnestung nach Kim durchführen kann, war es nicht möglich eine Query zu optimieren, bei der diese beiden Optimierungen nacheinander angewendet werden müssten. So wird ersichtlich, dass selbst wenn Systeme bestimmte Optimierungen implementieren, es noch keine Garantie gibt, dass diese miteinander kombiniert werden können. Ein Grund dafür könnte die Trennung zwischen der logischen Optimierung auf der Algebra-Ebene und der Optimierung der

Nested Queries auf dem SQL-Quellcode sein, so dass bestimmte alternative Ausführungs-
strategien bei der logischen Optimierung nicht mehr zur Verfügung stehen. Des Weiteren
zeigte sich, dass selbst wenn eine bestimmte Optimierung in einem System implementiert
ist, sie nicht in allen Fällen angwendet wird (selbst wenn dadurch ein deutlich effizienterer
Plan entstehen würde). Zum Beispiel implementiert DB-Z ein Subquery Coalescing, bei
dem redundante Subqueries des gleichen Typs zusammengefasst werden. Jedoch wurde
diese Optimierung auf der 10 GB TPC-H Instanz nicht durchgeführt. Ein Experiment
zeigte aber, dass durch eine Änderung der Statistik des System-Kataloges, das Subquery
Coalescing in DB-Z plötzlich ausgeführt wird. Zusätzlich wird durch die Evaluation deutlich, dass die Systeme oft falsche Kostenschätzungen für Nested Queries zurückliefern.

Des Weiteren wurde in der Evaluation gezeigt, dass die Zunahme der Optimierungszeit
im Vergleich zum Performance-Gewinn durch die Reduktion der Ausführungszeit nicht
ins Gewicht fällt und der Anstieg des Speicherverbrauchs des Optimierungsprozesses im
Durchschnitt bei 12,3 % liegt (und maximal bei 20 %), so dass die praktische Anwendbarkeit des Verfahrens nicht beeinträchtigt wird. Die Zunahme des Speicherverbrauches
resultiert daraus, dass dem Optimizer mit den NF^2-Regeln mehr Optimierungsmöglichkeiten zur Verfügung stehen und somit die Größe des Suchraumes zunimmt, was die
Wahrscheinlichkeit erhöht den besten Plan zu finden. Zum Beispiel werden bei der Entnestung nach Kim zusätzliche Joins eingeführt, wodurch nun der Optimizer verschiedene
Join-Reihenfolgen und Join-Implementierungen explorieren kann.

Zusammenfassend kann gesagt werden, dass heutige Datenbanksysteme noch großen
Nachholbedarf bezüglich der Optimierung von Nested Queries aufweisen. Nach den Er-
kenntnissen dieser Arbeit wäre die NF^2-Algebra die beste Lösung für dieses Problem und
würde die traditionelle relationale Algebra als natürlichen Nachfolger ablösen.

9.2 Ausblick

Über den Inhalt dieser Arbeit hinaus, stellen sich noch weitere offene Fragen. Erstens
muss untersucht werden, warum die Optimierungszeit des NF^2-Optimizers bei bestimmten
Queries abnimmt, obwohl durch das Hinzufügen der NF^2-Regeln der Suchraum zunimmt.
Eventuell könnten die auftretenden Effekte verwendet werden, um die Optimierungszeit
anderer Queries zu reduzieren.

Zweitens wäre es sinnvoll eine detaillierte Evaluation vorhandener Datenbanksysteme
im Bezug zur Verarbeitung von Nested Queries durchzuführen. In dieser Arbeit wurde
gezeigt, dass manche Optimierungen nicht durchgeführt werden können, obwohl diese
im System implementiert sind (z.B. das Subquery Coalescing in DB-Z). Daher sollten
die Umstände, die eine Anwendung der Optimierungstechniken verhindern, identifiziert
werden. Des Weiteren wäre es interessant zu untersuchen, wie Systeme Queries verarbei-
ten, die mehrfach verschachtelte Subqueries enthalten. Zum Beispiel stellt sich die Frage,
wie ein System vorgeht, wenn eine Query innerhalb der Verschachtelungshierarchie eine
Subquery enthält, die nicht optimiert werden kann. Einerseits könnte das System diese
Subquery überspringen und alle nachfolgenden Subqueries wie gewöhnlich optimieren, andererseits könnte aber auch der Fall auftreten, dass die Subquery-Optimierung an dieser
Stelle abgebrochen wird.

Drittens sollte untersucht werden, welche Arten von Nested Queries in heutigen Anwendungen häufig auftreten. Daraus könnte ein Katalog an relevanten Query-Typen erstellt und die Klassifikation von Nested Queries nach Kim [12] erweitert werden. Mit Hilfe dieser Sammlung könnte überprüft werden, ob das aktuelle TPC-H Benchmark noch zeitgemäß ist, oder ob neue Nested Queries hinzugefügt werden sollten. Folglich könnte eine Erweiterung des TPC-H Benchmarks den ein oder anderen Datenbank-Hersteller dazu veranlassen, die Optimierung von Nested Queries in seinem Sytem zu verbessern.

Viertens wäre es noch interessant zu prüfen, welche weiteren Konzepte aus SQL sich durch die NF^2-Algebra darstellen lassen. Somit könnte die Optimierung dieser Konzepte wieder in die Phase der logischen Optimierung mit eingegliedert werden und müsste nicht getrennt als Preprocessing durchgeführt werden. Zum Beispiel könnte untersucht werden, wie der CUBE- oder ROLLUP-Operator durch NF^2-Ausdrücke repräsentiert werden kann. Dadurch könnten neue NF^2-Äquivalenzregeln abgeleitet und OLAP-Queries besser optimiert werden.

Literaturverzeichnis

[1] M. M. Astrahan, M. W. Blasgen, D. D. Chamberlin, K. P. Eswaran, J. N. Gray, P. P. Griffiths, W. F. King, R. A. Lorie, P. R. McJones, J. W. Mehl, G. R. Putzolu, I. L. Traiger, B. W. Wade, and V. Watson. System R: Relational Approach to Database Management. *ACM Transactions on Database Systems (TODS)*, 1:97–137, 1976.

[2] S. Bellamkonda, R. Ahmed, A. Witkowski, A. Amor, M. Zait, and C.-C. Lin. Enhanced Subquery Optimizations in Oracle. In *Proc. Intl. Conf. on Very Large Data Bases (VLDB)*, volume 2, pages 1366–1377, 2009.

[3] M. Brantner, N. May, and G. Moerkotte. Unnesting Scalar SQL Queries in the Presence of Disjunction. In *Proc. Intl. Conf. on Data Engineering (ICDE)*, pages 46–55, 2007.

[4] B. Cao and A. Badia. SQL Query Optimization Through Nested Relational Algebra. *ACM Transactions on Database Systems (TODS)*, 32, 2007.

[5] E. F. Codd. A Relational Model of Data for Large Shared Data Banks. *Communications of the ACM*, 13:377–387, 1970.

[6] U. Dayal. Of Nests and Trees: A Unified Approach to Processing Queries That Contain Nested Subqueries, Aggregates, and Quantifiers. In *Proc. Intl. Conf. on Management of Data (SIGMOD)*, pages 197–208, 1987.

[7] C. Galindo-Legaria and M. Joshi. Orthogonal Optimization of Subqueries and Aggregation. In *Proc. Intl. Conf. on Management of Data (SIGMOD)*, pages 571–581, 2001.

[8] R. A. Ganski and H. K. T. Wong. Optimization of Nested SQL Queries Revisited. In *Proc. Intl. Conf. on Management of Data (SIGMOD)*, pages 23–33, 1987.

[9] G. Graefe. The Cascades Framework for Query Optimization. *Data Engineering Bulletin*, 18:19–29, 1995.

[10] L. M. Haas, J. Freytag, G. Lohman, and H. Pirahesh. Extensible Query Processing in Starburst. In *Proc. Intl. Conf. on Management of Data (SIGMOD)*, pages 377–388, 1979.

[11] G. Held, M. Stonebraker, and E. Wong. INGRES: A Relational Data Base System. In *Proc. of the National Computer Conference and Exposition*, pages 409–416, 1975.

[12] W. Kim. On Optimizing an SQL-like Nested Query. *ACM Transactions on Database Systems (TODS)*, 7:443–469, 1982.

[13] T. J. McCabe. A Complexity Measure. In *Proc. Intl. Conf. on Software Engineering (ICSE)*, pages 308 – 320, 1976.

[14] T. Neumann and A. Kemper. Unnesting Arbitrary Queries. In *Proc. Datenbanksysteme für Business, Technologie und Web (BTW)*, 2015.

[15] R. Ramakrishnanand and J. Gehrke. *Database Management Systems*. 3rd edition, 2003.

[16] H.-J. Schek and M. H. Scholl. The Relational Model with Relation-Valued Attributes. *Information Systems*, 11:137–147, 1986.

[17] M. H. Scholl. Theoretical Foundation of Algebraic Optimization Utilizing Unnormalized Relations. In *Proc. Intl. Conf. on Database Theory (ICDT)*, pages 380–396, 1986.

[18] M. H. Scholl. *Das Modell geschachtelter Relationen – Effiziente Unterstützung einer relationalen Datenbankschnittstelle*. PhD thesis, Technischen Hochschule Darmstadt, 1988.

[19] Q. Wang, D. Maier, and L. Shapiro. Algebraic Unnesting for Nested Queries. *CSE-Tech. Paper 252*, 1999.

[20] C. Zuzarte, H. Pirahesh, W. Ma, Q. Cheng, L. Liu, and K. Wong. Winmagic: Subquery Elimination Using Window Aggregation. In *Proc. Intl. Conf. on Management of Data (SIGMOD)*, pages 652–656, 2003.

Anhang

Im Folgenden ist das Schema der TPC-H Datenbank gegeben, auf dem die Beispiel-Queries dieser Arbeit basieren.[1]

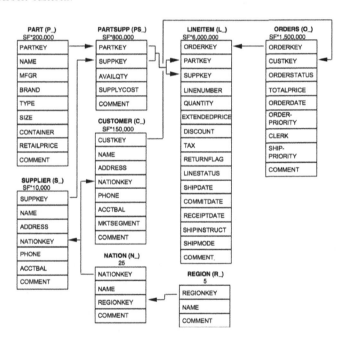

[1]Quelle: TPC-H Standard Specification Revision 2.17.1
Verfügbar unter: http://www.tpc.org/information/current_specifications.asp (Stand 15.06.2015)

Printed in the United States
By Bookmasters